늦게 피는 꽃나무의 神話

늦게 피는 꽃나무의 神話

―밝은 어둠의 노래

裸神 김준호 시집

月刊文學 출판부

이 나의 세 번째 시집을

나 자신에게

정중하게 바친다

| 추천사 |

꿈을 꾸는가

이혜너(시인·짚신문학회 부회장)

시간은
뜨거운 유월에 머물고
회색 건물이 내 뿜는 연기
냉각된 공기 속에 안주하는 게으름
생명의 숲이 노래하는 꿈을 꾼다

뜨거운 계절 도시의 거리에
갈무리하지 못한
남루한 모습에 나무의 바스락거림은

언 땅 칼바람으로 다듬고
추위를 견디어낸 숭고함이 있지 않은가

거리에 휩쓸리고

불빛에 물들어 흔들리면서

꽃피우는 것들을 보라

도시에 나무이고자 한다

숲을 꿈꾸는

자연이고자 한다

—시집 『괜찮은 거니?』 에서

차례

작은 종이배 2

게으른 꿈쟁이 3

山 중턱의 함성 4

1
어둠의 탄생

어둠의 탄생

믿을 만한 神話에 의하면
나는 태어나자마자
'어둡다'라고 말했다고

내가 세상에 나온 곳은
불 꺼진 무대였다고
무대 커튼도 내려져 있었고
관객석도 깜깜
극장 건물 전체가 불이 없었으니
갓 태어난 아기의 눈에도
세상은 어두웠으리라

왜 하필 연극 무대에서
아이를 낳았는지는
또 다른 神話가 필요하겠지만
아마도 연극 공연 중이었을까

깜깜한 극장에서 연극 공연?
그래서인지

무대와 객석의 까만 단절하에
나는 태어나자마자 춤을 추기
시작했다고
아무도 보지 못하는
나도 보지 못하는
까만 댄스를…

춤이 지겨워지던 어느 날 갑자기
무대 커튼이 천천히 올라가고
희미한 조명이 새벽별같이
무대를 비추면
텅 빈 어두운 객석에 홀로 앉아
객석이 꽉 채워지기를 기다리는
저 女人은
아마도 女神일 것이다

이제야 알겠다
탄생 神話는 사실이라는 것…
神들의 이야기를 완성하기 위해

떠날 때는 밝은 무대에서 춤을 추며…

마지막 댄스가 어떤 춤일지는
작가가 아직 쓰지 않았다고…

어둠의 노래

내 성스러운 세계에 숨어
人間들의 눈길을 구한다
거리의 어두운 구석에 숨어
섹스를 파는 女子처럼

숙女여 나오세요!
당신이 거기 있는 거 알아요

사람들은 아는가
내가 지하에 사는 것을
싸구려 환락을 찾는 신사같이
그들은 나를 부를 것인가?

컴컴한 거리의 구석에 갇혀
나오지 못하는 수줍은 창女같이
나는 깜깜한 세계에서
보여지기를 기다리고 있는가?

아저씨 같이 놀아요!

내가 있는 곳엔 항상 어둠이 내려 둥지가 되고

나는 대웅전의 부처가 되고

성당의 십자가에 달린 예수가 되고

로댕의 생각하는 사람이 되고

어떤 女人이 그린 소나무가 되고

우주의 중심이 되고 우주가 되고

눈이 하나인 어른이 되고

美女가 '왜 살아요?' 하고 물었을 때 살아있는 人間이 되고

모래성을 쌓고 부수고 하는 애들을 보고 아저씨가 되고

분수에서 발가벗고 노는 애들을 보고 공자가 되고

애들 몰려와 ‘아저씨 같이 놀아요!’ 하면 나는 무엇이 될까

예수가 된 하느님같이 나도 애가 될까

저 높은 하늘에서 내려다보는 神이 될까

어둠이 편해 그냥 구경꾼이 되면…

까만 고양이

까만 옷을 입은 고양이
어딘가를 뚫어지게 보고 있다
장례미사에 까맣게 참석한 내가
텅 빈 머리로 제단을 보고 있듯이
그 검은 등이 웃음을 자아낸다
내 등은 누가 보고 웃을 것인가
딸애가 고양이를 Jasper라고 이름 지었다
나에게도 누군가가 내 이름을 지었듯이
이름의 의미는 묻지 않았다
내 이름의 의미가 아무 의미가 없듯이
고양이는 이제 이름으로 불릴 것이다
아무도 나를 사람이라고 부르지 않듯이
고양이 머릿속에
그저 생선 대가리만 있든
삶의 의미를 추구하든 말든
그저 귀여운 Jasper일 뿐이다
내 까만 등도
내가 무슨 생각을 하든 그저 나 일 것이다
고양이가 암컷인지 수컷인지도 모른다
내가 男子인지 女子인지 관계없듯이

벌레 씹기

그나마 코흘리개 꼬맹이들의 고사리 같은 손에서 나오는 박수 소리가 들릴 때 이 허접한 무대에서 내려왔어야 나는 왜 이 촌구석 어설픈 무대에서 못 추는 춤을 억지로 추고 있었는지 늙은 여배우들의 삶에 찌든 화장 냄새가 그리 좋았던가 멍 뚫린 가슴을 의미 없는 주문으로 채우려 발버둥 쳤던가 어두운 관중석의 수군거림이 나를 향한 찬사라는 착각을 즐기고 싶었던지 이 엉성한 무대라도 버티고 버티면 그래도 연극배우라는 아주 작은 명예라도 묘비명에 새기고 싶었는지 인제 그만 무대로 내려와 보니 싸구려 조명으로 밝힌 무대가 그렇게 밝아 보였던지 다시 올라가 올라가 더욱더 어색한 몸 짓 어눌한 말투로 이제 그만 내려 가시죠 꼭 말을 해야 하나요 한물간 여배우들의 전혀 섹시하지 않은 몸짓에 징그러운 벌레를 내 손으로 집어 입에 넣을 필요가 없구나! 벌레는 이렇게 스스로 나도 모르게 내 입으로 내가 혹시 벌레가 된 것이 아닐까 몸이 두 동강이 나는 이 환희 나를 씹는 이 거대한 이빨은 누구의 입속?

自己 모멸의 방법

모멸하기 너무 쉬운 것은 아닌지
비칠거리며 걸어온 길을 보면 돼
왜 쓰러져 파멸하지 않았는지 신기해하며
하느님을 찬미할 수 있으나
自身을 확실히 모멸하기에 부족함이 없지

길에서 버리지 않고 끌고 온 쓰레기
女子들의 경멸을 잔뜩 기대하며
우물가에 쏟아 놓아도
경멸하지 않는 한 女人을 보며
하느님을 찬미할 수도 있으나
보다 깊은 自己 모멸에 빠질 수 있어

"아름답지 않아도 좋아요"
이렇게 말하는 女人은
모멸의 악취를 얼마나 견딜 수 있을까

"왜 살아요?"
그래 누구같이 스스로 목숨을 끊는 것이

가장 좋은 모멸의 방법일지도 모르나

너무 쉬운 방법이라는 핑계로
自己 도취를 슬그머니 은닉하고
사랑하는 女人에게 감출 것이 없다고 아우성치며
모든 것을 보여주는 치졸함이
또한 모멸의 방법이 아닐까

"나 고백성사 봤어…."
고백 신부 앞에 내 삶의 쓰레기를 쏟아놓고
불편한 신부가 억지로 나를 축복하게 만들고
깨끗한 나를 경멸하는 죄를 범하게 하는 것이
모멸이 방법이 될지

"저도 쓰레기를 찾아볼께요…."
이렇게 天使 같은 女人도 만난다
연자 멧돌을 준비해야 할까

"당신은 찬 순진하군요…."

이런 소리를 들은 것도 같아
아직도 自己 모멸을 제대로 하기에는
쓰레기가 부족해
그녀의 쓰레기를 주으러 갈까…

양아치

"전부 양아치들이구먼" 이 말이 정겹게 느껴진다 마치 어머니의 품속같이 따스함이 배어 있다니 王子같이 살려고 한 적도 없다만 수 십 년을 착각 속에 헤매다가 이제야 고향을 찾아온 양아치 양아치가 무슨 뜻인지는 내 삶을 보며 알아버렸다 돌아온 탕아라는 거창한 이야기는 꺼내지도 말게나 王子가 된 거지가 거지로 다시 돌아가는 것은 회개의 문제가 아니란 말이다 양아치라는 모욕적인 말이 편안하게 들리는 것은 수십 년을 거리에서 살아온 노숙자가 자신을 스스로 노숙자라고 담담히 말하는 것 과 같은지 다른지는 나도 모르겠고 양아치 그 이상이 될 필요가 없음을 알았다고나 할까 어쩌면 인생 포기 같기도 하지만 양아치라 포기할 것이 없기에 편안한 지도 양아치로 경멸해왔던 놈에게서 이 말을 듣고 고개를 끄덕이는 나는 이제 그들과 적어도 마음은 한패가 되었나 양아치라는 말 한마디 듣고 인생의 화두를 푼 듯이 호들갑 떨며 궁시렁거리는 나는 아직도 더 내려갈 곳이 있을까 양아치도 과분한 호칭이 아닐른지…

삼고초려

제갈공명은 하늘의 뜻이 유비에 있지 않음을 알고도 세 번의 방문에 승산 없는 싸움을 하러 세상에 나왔다는데

나도 제갈량의 흉내를 내어
의미 없는 감투를 쓰려고 기다리고 있노라
나를 희생해야 하는 자리
정말 내가 원하는 것이 아니다 라고 수없이 되뇌며
낙엽 밟는 발걸음 소리를 놓치지 않으려고
사냥개같이 귀를 세우고 있다
세 번의 방문도 필요 없고
단 한 번의 눈길로도
나는 자리를 박차고 일어날지도 모른다
중생이 원하면 무엇을 못 하랴

저 멀리 한 사람이 오다가
코를 막으면 가 버리고
또 한 사람 오다가
손가락질하며 오던 길로 돌아간다
저 멀리 지나가며 낄낄거리는 사람도 있다

어둠과 적막 속에 조금은 외로움도 느끼며
밤을 보내고 나니
내 오른발은 개똥을 밟고 있으며
내 남대문은 활짝 열려 있노라

그래 제갈량인들 어찌 냄새가 안 났을 것이며
옷매무새가 흩어지지 않았겠는가
이런 작은 일로 人物을 평가하는 사람들에게
내가 해 줄 것은 아무것도 없다
삼고가 아니고 열 번을 찍어도
나는 꿈쩍하지 아니하리라

그런 쓸데없는 감투를 안 쓰게 됨에 안도의 숨을 내쉬며 나는 독야청청하리라 외치며 자리를 뜨려 하니 보이는 것이 쓰레기며 악취는 코를 찌르니 내가 쓰레기 처리장에서 폼 잡고 있었는가

이래서 나는 부르는 곳이면 아무 데나 가고 아무 모자나 주면 쓰는 모양이다

생각하는 개

저놈을 철학犬이라고 부르고 싶다
허공을 응시하고 있는
눈망울
개답지 않은 진지한
표정
장시간을 꼼짝하지 않는
끈질김
삶을 묵상하고 있을까
아니면 저 작은 머릿속에
오로지 먹을 생각만 꽉 차 있을까
내가 어찌 알 수 있을까만
인간의 오만과 편견으로
네놈이 아무리 생각해 봐야
개는 개

나는 별명이 철학자였다
자고있는 듯한
눈빛
세상의 모든 고뇌를 짊어진 듯한

표정
장시간 한마디 말도 없이 앉아 있는
탈혼 상태
저 人間은 무슨 생각을 하고 있을까
사람들은 궁금해 하지만
내 머릿속에는 주로 女子 생각
그래
전지전능하신 하느님이
네놈이 아무리 생각해봐야
피조물

하느님과 나 사이에
온 우주가 들어갈 수 있다는데
개와 나 사이에는
하루살이 한 마리도 지나갈 수 없으니
같이 사이좋게
생각하는 개와 사람이 되어야
결국 사람의 가장 좋은 친구는
개라…

길잡이

어떻게 살아야 합니까?
내가 그걸 어찌 알겠소?
내가 무슨 人生 상담가라도 된단 말이오?
당신이 걸어온 길을 보니
당신은 人生 전문가 임이 분명합니다
한마디 가르침을 주시지요

뒤를 돌아보니
길이 있는 듯 없는 듯
없는 길을 만들어 왔단 말인가
모델의 다리 같은 쭉 뻗은 고속도로를
스포츠카로 달려온 줄 알았는데
어찌 저런 길도 없는 정글을
나 같은 人間이 맨발로
나에게 조언을 구하는 것이 이상하지 않네

다행이다 꿈이었으니
꿈에서나마 내 길을 보았으니
내가 나의 길잡이가 되어

왼쪽 길로 들어서 볼까
누가 나에게 길을 물으면
오른쪽으로 가라고 해야지
다행이다 나에게 길을 묻는 사람이 없으니

삼류 드라마

허접한 이야기
빤한 주제
우연의 연속
허우대만 멀쩡한 꽃미남의
너절한 연기
작대기 같은 성형 미녀의
책 읽는 듯한 대사
삼류야 삼류!
그래도 재미있는 것을 어쩌나
하기는 내 삶은
저 드라마보다 더 후질지도
그래도 작가는 재미있게 보겠지
못하는 연기지만 열심히 해
혹시 각본에 없는
적당히 살찐 성형 안 한 美女 나타날지
어차피 내 삶은 삼류 드라마
주제 없는 그저 그런 이야기
우연으로 얽혀져 왔었고
앞으로도 그럴 것이야

작가가 보기에도 너무 재미없어
조기 종영만 안 한다면
그런대로 견딜 만해

시시한 人生

1. 시시한 車

교회 주차장에 난무하는 고급 車에서 세상을 지배할 것 같은 표정과 거들먹거리는 몸짓으로 내리는 사람들 그런 人間들 틈으로 내 시시한 車를 몰고 지나간다 나는 그들과 눈을 마주치지 않는다 그 경멸의 표정을 어떻게 견디랴 내 지성과 지혜와 신앙과 깊은 영성은 그 표정으로 화장되어 한 줌의 재로 화할까 두려우니

2. 아직도 시시한 車

교회 주차장에 어떤 차가 헤드라이트가 켜져 있다고 한다 내 車 같다 나를 보는 열두 개의 눈동자를 피해 비굴한 미소를 지으며 "차가 워낙 시시해서…" 안 해도 될 소리를 하며 내 車로 향한다 "불이 자동으로 안 꺼지는 모양이지요?" 라는 섹시한 알토의 목소리가 내 등을 찌른다 아! 축 늘어진 어깨와 휘청거리는 다리로 이른 아침 환하게 세상을 밝히고 있는 車 앞에 서니 이것이 바로 조금 비싼 내 車라 불이 자동으로 꺼지는 줄 알았더니 나는 아직도 시시한 車를 몰고 있구나

3. 나는 시시한 사람이 아니다

나는 눈에 힘을 주고 가슴을 편다 그래 나는 비록 시시한 車를 몰아도 내 지성과 지혜와 신앙과 깊은 영성은 결코 그 자리를 뺏기지 않으리니 머리에 똥만 들어 벤츠를 몰고 다니면 뭐하냐? 주머니에 돈이 가득 들어 있으면 지혜가 생긴 다더냐? 나는 車 아니라도 가진 것이 많다 주머니가 비어 있어 몸이 가볍고 겉으로 보여 줄 것이 없으니 거들먹거리지 않는다 그러나 경멸의 눈빛 만은 그 누구보다 못하지 않으니 벤츠에서 내리는 돈밖에 없는 그 사람 그리고 그 車 내 눈 빛 하나로 잿더미로 만들리라

4. 내 人生도 시시

아! 벤츠에서 내리는 그 사람을 보니 돈 많고 덕망 있는 의사였다 경멸을 준비하던 내 눈동자는

갈 곳이 없어 허공을 향하고 거들먹거리지 않는 그 사람 앞에 스스로 한 줌의 재로 화하려고 한다

그래 내 車는 내 人生에 맞는다 아니야 덕망도 없고 돈도 없는 나는 무리해서라도 벤츠를 모는 것이 맞지 않을까?

5. 역시 좋은 것이 좋은 것

나는 새로 산 벤츠를 교회 주차장에 세우고 당당하게 차에서 내린다 싸구려 차를 모는 사람들아 마음껏 경멸하라 좋은 것이 좋은 것이니라 난 아직도 렉서스 똥차를 몰고 있지만 매우 기분 좋은 꿈이었다

초라한 바벨탑

우리가 내려가서 그들의 말을 뒤섞어 놓아, 서로 남의 말을 알아듣지 못하게 만들어 버리자 —창세기 11, 7

이것도 탑이라고 세웠나
내가 봐도 초라한 바벨탑에서
내 이름은 바로 탑 밑에 나뒹굴어지고
하느님의 진노를 빌릴 것도 없이
나 스스로 대화를 단절시킨다
이렇게 나는 분열되었다
또 하나의 돌을 올리려는 나는
무덤을 파는 나를 경멸하고
저 땅 밑에 숨으려는 나는
저 높은 곳을 향하는 나를
긍휼히 여기나
탑이 높아 봐야 얼마나 높으랴
무덤이 깊어 봐야 얼마나 깊으랴
작은 모래 탑 만들어 놓고
깔깔거리고 노는 어린아이를 닮음이 어떨지…

날개 · 2

——추락

당신의 날개를 펼칠 때까지는
당신이 얼마나 멀리 날 수 있는지 모른다

주제를 파악하라는 말이겠지
날개를 펼쳐보지도 않고
날려고 시도해 보지도 않고
저 높은 하늘의 독수리같이 날 수 있다는
착각과 환상에 빠져
날지 않음이 겸손의 표양인 양
인간이 되어 이 세상에 오신 예수님인 양
있지도 않은 날개 접고 앉아 있으니
아! 행복하여라
주제를 파악할 필요도 없고
사람들의 기대와 상상을 한 몸에 받으며…

하지만 높은 창공에의 유혹을 이기지 못하고
사람들의 기대에 부응하려는 간절한 마음에
없는 날개 우람하게 펴고 비상하니
잠시 황홀했던 기분은

땅에 추락하여 산산조각이 나고
사람들은 그 비참한 광경에 고개 돌리니
죽어 가는 내 몸은
저 푸른 하늘을 힘차게 날아가는
내 영을 본다
아! 행복하여라
껍데기를 깨고 나온 영이여
처참하게 깨어진 육신의 장막에 미소 지으니
날개를 펼치지 않았다면
저 속에서 조용히 부패하였으리라

당신의 날개를 펼칠 때까지는
당신이 날 수 없다는 것을 모른다

나는 무대 장치가 되겠소

관객석에서 졸고 있는 나를 감독이 부른다
이제 하도 구경만 해서 지겹겠구나
이 무대에서 역할을 한 번 맡아 보지 않겠느냐?
내가 하고 싶은 역할을 내가 고릅니까?
말해봐
내 머리는 힘차게 돌아간다
주인공이면 관객들의 주목을 받으면 좋겠지만
너무 힘들어 잘못하면 욕만 먹고
중요한 조연도 힘들기는 마찬가지
그렇다고 중요하지 않은 조연이나 단역은
관객들에게 별로 보이지도 않으니
차라리 안 하느니만 못할 것 같다
무대 장치나 小品 역할을 하겠습니다
감독은 슬그머니 미소를 짓는다
약은 놈
힘든 일 안 하고 주목만 받겠다고
하지만 무대 장치가 얼마나 힘든 일인지 아느냐?
小品은 생각이 없이 감독이 있으라고 곳에
꼼짝 않고 있어야 한다

살아있는 것이 아니다 하지만
무대 장치가 제대로 되지 않으면
연극은 성공하기 힘들지
네가 무엇을 택하였는지 아느냐?
알지요
아름다운 女 주인공이 앉는 의자가 되면
환상적이겠지요…
女 주인공이 물을 와인을 마시는 와인잔이 되면
女 주인공이 목욕하는 욕조가 되면 더욱더 좋고
女 주인공이 男친과 섹스하는 침대가 되면
더욱 신날 것입니다
배우들이 잘하지 못하면
관객들은 무대에 눈을 돌리겠지요

무대 장치는 나무와 같다
그 자리에서 움직이지 않고
아무것도 하지 않으면서도
山을 지키는 나무
그러나 나는 움직이는 나무가 될지도…

배우들을 쫓아내고 무대를 장악할지도…
연극을 초토화할지도…
차라리 주연 배우가 되는 것이 나을지도…

감독이 나를 깨운다
수고했다 넌 타고난 小品이다

俗物

창고가 가득 차 있으니
어깨는 세상을 정복한 양 펴지고
눈은 밤하늘의 별같이 반짝반짝 빛나며
입가에는 은근한 미소가 흐른다
발걸음 하나하나가 힘차고
구질구질한 비가와도 세상은 아름답게 보이고
새치기하는 밥맛없는 女子도 귀엽게만 여겨진다
텅텅 빈 주머니에도 이럴 수 있다면
나는 聖人일 것이나
불행하게도 내 주머니에는 돈이 가득하니
나도 俗物인 모양이다
그래도 휘파람을 불며
俗物임을 개의치 않으니
나는 정말 俗物인 모양이다
주머니의 돈을 자꾸 확인하는 나는
聖人이 될 생각 조차없는
俗物인 모양이다
이 詩詩한 詩를 쓰고도 덤덤하니
어쩔 수 없는 俗物이구나!

2
작은 종이배

억세게 운 좋은 루저

행운을 밀어붙여
네가 어떤 人間인지 초점을 잃지마
행운을 시험해봐
이제까지 오로지 행운으로 살아왔잖아
행운을 지켜
네가 가진 건 행운밖에 없어
행운을 사랑해
행운이 사랑할 만한 유일한 존재야
행운을 믿어
행운은 너를 속이지 않거든
행운을 흠모해
행운이 이 世上에서 가장 아름다운 것이거든
행운을 잡아
행운이 엉뚱한 놈에게 안 가게 해
행운의 존재를 믿어
행운이 네가 가져야 할 종교야
행운을 끌어당겨
행운을 내 연인처럼 꽉 껴안아
행운이 네 편이니

너는 억세게 운 좋은 루저야

그냥 해!
밑져야 본전이거든
넌 이미 루저니까

이래도 모르겠어?

총알이 벌떼처럼 달려들어
전우들 여기저기 속절없이 죽어가는데
총도 잘 못 쏘고
총알을 피하려 하지도 않는 나는
나무 밑에 앉아
밤하늘의 별을 세어 보며
우주의 신비를 만끽하고
詩詩한 詩를 詩 공장같이 쏟아낸다
이 전쟁터에서 수십 년을 살았는데
아직도 멀쩡하게 살아있고
詩 창고에는 詩가 가득
새 창고를 지어야 할 듯

이래도 모르겠어?
뭘 몰라?
네가 왜 아직도 살아있는지
난들 알아?
내가 운 좋은 놈인 모양이지
그래 맞아

너는 정말 억세게 운 좋은 人間
이 세상에 공짜는 없다는 말이 있지만
네 운은 정말 공짜
그래?
근데 당신은 누구요?
나는 라파엘 天使거든
그래요? 내가 왜 당신을 믿어야 하는데?
믿는 게 너에게 이득이니까
난 정말 별 볼 일 없는 놈인데
운 좋은 루저인 모양입니다
운 좋은 人間은 루저가 아니 거든
운을 이길 수 있는 건 이 세상에 없으니까
당신은 정말 天使 맞는 것 같네요

그거 봐! 너도 이제야 뭐가 보이는 모양
네가 부럽다
천사가 人間을 부러워하다니요
人間이 아니라 네가 부러운 거다
천사도 운 좋은 人間을 이길 수 없는 건가요

근데 詩 창고도 가득 찼으니
이제 詩 하나하나 꺼내 책을 만들어야겠네요
총알은 여전히 날라오지만
시집 만드느라 바빠서
별 쳐다볼 시간도 없고
우주의 신비도 관심 없고
옆에서 누가 쓰러지던
한 사람만 살아난다면 바로 나일 테니까요
전쟁이 끝나면
전투 속에서 쓴 이 주옥같은 詩들이
책으로 되어 인류의 유산으로 영원히 남겠네요

이제야 깨달았군
임무를 완수하고 떠나는 라파엘 天使
귀 옆을 스치는 쌩쌩 총알 소리를 들으며
詩 창고를 열심히 뒤지는
행운 밖에 가진 것이 없는 詩人

정말 밥맛없는 놈이네
재수 없는 人間 퉤!

뭐 팔자려니 해야지요

좀비 깨어나다

半百 年이상을 자고 있다가
좀비가 이제야 깨어났다
이 건 싸구려 허접한 영화가 아냐
좀비는 정말 존재하거든
生命 없는 삶을 유지하기 위해
살아있는 달콤한 살이 필요하거든

"저놈은 항상 자고 있는 거 같아"
좀비는 자신이 자고 있다는 걸 몰랐지
살아있는 사람들같이
살아 있다고 생각… 좀비도 생각이 있는지…
이게 자면서 걷고 있었는데
큰 바위에 부딪힌 후
깨어나서는 좀비가 그놈이 된 건데
그놈은 자신이 어디에 있는지
왜 이곳에 있는지
어떻게 生命 없는 좀비가
이 험하고 길고 꾸불꾸불한 길을 걸어왔는지
이 모든 것들이 궁금한데

앞에 놓인 길이 또한 험하고 길고 꾸불꾸불한 길이라
좀비로 다시 돌아가고 싶었거든
그렇지만 좀비가 깨어났으니
無生物의 행운은 다 했으니
이제 살아있는 자의 행운을 기대하며

이놈이 이제는 좀비 영화를
정말 공포 속에 볼 수 있겠지
자신의 이야기니까…

개미

개미가 모두 열심히 일하는 것 같아도 개미학자의 말에 의하면 20%는 니나노 논다고 하는데 그러면 놀고먹는 팔자가 타고난 개미가 있듯이 나도 놀고먹는 팔자를 타고난 억세게 운 좋은 놈인 모양이라고 좋아했는데 개미학자의 말을 더 들어보니 놀고 있는 20%를 다른 곳에 놓았더니 그 개미 중 80%가 열심히 일하고 역시 20%는 놀고 있다는 말을 듣고 아 어느 곳이든 놀고먹는 존재는 있는 것 자연의 법칙 그래 그렇다면 내가 놀고먹는 것이 내 잘못이 아니요 자연의 법칙에 순응하는 것이라 기분이 나쁘지 않은 듯했고 이 진리를 사람들에게 선포했는데 어느 女神 같은 女人이 20%의 개미가 놀고 있는 것은 나중에 지친 개미들 대신 열심히 일하기 위한 것이라는 충격적인 말에 나는 도망갈 쥐구멍을 찾는다 내가 개미보다 못한 人間임을 알았으니 내가 20%에 속해 이제까지 놀았다면 이제 열심히 일해 지친 이웃 대신 나서서 일할 때일까 아니야 그래도 一生 놀고먹는 개미도 몇 마리는 있지 않을까 이 세상에 100%란 없는 것이니까 그래 단 한 마리라도 있다면 내가 그 개미가 아니라는 법은 없는 것 1%에 속하고 싶은 야망을 품은 사나이라고 할까 도망가려는 야망도 있단 말이냐 하기는 36계 줄행랑이 가장 좋은 병법이라고 했으니 몰라 몰라 몰라 그래 개미들의 행동을 보고 人間인 내가 부끄러워할 필요는 없지 나는 개미가 아니니까 개미보다 못하게 행동해도 그것도 자연의 법칙이자 자연에 순응하는 것이 아닌가 해 질 녘에 잠깐 일해도 하루 종일 일한 사람의 일당을 주겠다 해도 여전히 꼼짝하지 않고 저녁노을만 바라보며 詩를 읊는 개미보다 못한 詩人

새

우리 집 뒤뜰에 새를 키운다
온갖 잡새를 키운다
새장도 없이 새를 키운다

먹을 것을 주지도 않고
물도 주지 않고
아무것도 주지 않고
새를 키운다

새들은 열심히 먹는다
어제도 오늘도 몰려와 열심히 먹는다
뭔지 모르지만 열심히 먹는다
내일도 열심히 먹겠지

나는 누구 뒤뜰의 새일까

구걸

나에게
한 푼의 자비를 구하는 걸인을
소 닭 보듯 하는
내 삶의 뿌리를 파보니
줄줄이 달려 나오는 자비 자비 자비
아무리 꽃으로 장식을 한다 해도
내 구걸의 역사는
저 거지보다 길지 않을까
그래도
저 걸인은 저렇게 낡아빠진 모자 얹어 쓰고
하루살이 같이 살고 있으나
나는 자비를 한 푼 두 푼 모아
그럴듯한 면류관을 만들었으니
역시 나는 소
닭이 지나가거나 말거나
그러나
초점 없는 거렁뱅이의 눈 속
앙상한 가지에 대롱대롱 매달려있는
저 누런 나뭇잎은…

상

평생 상이라고는
개근상밖에 받아 본 적이 없는
(몰라 천장에 매달린 거미줄 같은 상이 있을지도)
人間에게 상을 준단다
아무것도 한 일이 없는데도
(이 人間이 俗物이긴 하지만 그래도 염치는 있는 듯)
그래서 사양하지만
어찌 황명을 거부할 수 있으랴
내가 황좌에 앉아 있을 때 받으라
그래 맞아
이 세상에 영원히 존재하는 것은 없으니
황제가 바뀌면 나는 아마도 귀양을 가거나 참수를 당할지도
아니 그 전에 황명을 거부한 벌로
명색뿐인 감투가 삭탈 당할지도
(사극을 너무 많이 본 이 人間)
맞지 않는 모자를 뒤집어쓴 人間의 운명 아닌가
어울리지 않는 상패 좀 목에 건다 한들 무엇이 달라지나
세상이 다 그렇고 그런 거 아닌가
그래도

이 男子에게 황명을 전달한 女人은
황후 같은 女子
황명은 거부해도
황후명은 거부하지 못하는 이 男子
인터넷에 이 조촐한 상 소식이 잡힐지도 모르는데
(이 人間 이름이 거리에 굴러다니는 돌멩이 같으니 얼마나 다행)
다른 우주에 있는 이 男子는
이미 노벨상을 받았을지도
(그곳에도 노벨이 살았었다면…)
그래 조금 늦게 받으면 되지
오래 살 거니까
(아직 살아있는 이 人間)

정글

길이 없다
앞에 있는 것은
아마존 정글

뭐야 또 정글?
그녀의 다리처럼
쭉 뻗은 고속도로는 어디에

그래도 가야지 어쩌나
길을 만들어야지
정글에서 죽을 수는

내가 가진 건 행운뿐
아마존도 막을 수 없는
우주의 힘 힘 힘

지나온 수많은
정글을 돌아보며
행운은 끝이 없으니

더는 정글이
없다면 무슨 재미로
삶의 끝 끝 끝

휘파람 불며
무딘 낫을 휘두른다
베어지는 것이 있는지

누가 알랴
낫질 한 번에
길이 생길지 길 길 길

복권

복권을 사야겠다 굳은 결심을 하고 복권 파는 곳 주위를 배회하며 눈치를 본다

초라한 이 모습을 누가 볼까? 복권이나 사는 놈 되뇌며 카운터에 미적미적 접근한다

반갑게 미소로 맞아주는 복권 파는 女子에게 썩소를 지으며 당당해지려 한다

법적으로 인정된 경제활동이란다 국가 경제에 이바지하고 부자가 되어 가난한 사람도 도와주고…
뭐 이렇게 기도하고 싶었지만…

복권을 거머쥐고 쏜살같이 가게를 빠져나온다 나는 그런 거 안 사 그녀의 경멸적인 목소리가 귀에 쟁쟁하다

적어도 나는 나를 경멸하지 말자 그저 돈이 조금 필요하여 지푸라기라도 잡는 거야 살려고 발버둥 치는 것도 수치인가?

차를 향해 걸어가는 모습 가련하다 아! 아직도 나는 인생을 모르는구나 얼마나 더 살아야 하나……

기대감에 가슴은 뿌듯하다

혹시

굳이 저 山에 오를 필요가 있을까마는
정상에 오르면
이 세상이 작아 보일 테니까…

혹시 아니
山 중턱에서 헬기를 만나
단숨에 올라갈지도…
왜 헬기가 나를 태우는지 모르나
그냥 억세게 운이 좋다고 해

혹시가 이루어진 경우가 별로 없지만
수십년을 잘 살았으나
이제 혹시의 열매를 맺을 때가…

山 꼭대기에서 '야호' 하지 말고
조용히 있다가 내려와
누가 물으면
"운이 좋았답니다." 하고 대답해
세상에 겸손을 보여줘

어깨가 근질근질하네
혹시 날개가…

때 늦은 명검

명검을 발견하였다
관운장의 청룡 언월도보다도 좋은 것 같고
아서王의 칼은 감히 곁에도 못 온다
칼은 그 자리에 있는데
지나가던 파리가 그대로 두 동강 난다
집안 어디 구석에 처박혀
이제야 나타났는지 모르나
진작 알았더라면
나 이 칼로 세상을 정복했을 것이나
나 이제 칼 들 힘도 없으니
사람들 불러 자랑이나 해야겠다
영원히 묻혀 있었을 뻔한 명검
그나마 무료한 나의 노후를 장식해 준다
어찌 저 명검의 저 人間의 손에
질투하는 이 있으니
때 늦은 명검도 명검은 명검!

바람에 날리는 종잇조각

그저 종잇조각에 불과해
얼마나 가벼우면 산들바람에
저렇게 시달리겠니
종이보다 더 가엾은 것은
종이를 잡으려고
휘청거리며 뛰어다니는 너
종이에 보물섬 지도라도 그려져 있나
그렇게 갖고 싶으면
그냥 기다려
변덕스러운 바람이
네 가슴에 안겨줄지도
하늘은 스스로 돕는 자를 돕는다고 하지만
가만히 기다리는 것이
하늘을 돕는 것이 아닐지…

지푸라기

물에 빠져 죽어가면서도 지푸라기를 잡지 않음은 자존심일까 포기일까 불신일까 초월일까? 물에서 허우적대는 모습이 꽤나 멋있을까? 삶에 아우성치지 않고 조용히 익사할 수 있다면 지푸라기기 필요 없겠다 자존심이 아니라면 살려고 발버둥 치는 것도 귀찮은 게으른 자라면 지푸라기가 아니라 배가 와서 구해줘도 나 그냥 죽을래! 하고 구조를 거부할 것인가? 지푸라기 따위가 어떻게 나를 구해줄 수 있나 하며 확실한 구조대가 올 때까지 허우적대다 죽어버리는 경우도 있겠다 초월? 무엇을 초월하나? 자신의 운명을 감지하고 죽음을 조용히 받아들이는 득도의 경지인가? 살려는 것은 인간의 본능이야 지푸라기라고 잡고 살아 보려고 아우성치는 것이 인간답다 나도 그러고 있어 죽는 것하고는 관계도 없는 시시껄렁한 일 가지고도 이러고 있으니 내가 혹시 도사가 아닐까 하는 환상은 그만하는 것이 좋겠어 맞아 중학교 때 선생 하나가 자기는 누가 총을 들이대도 살려 달라고 빌지 않을 것이라는 거짓말을 했는데 나는 그걸 믿었지 그리고 나도 그러고 싶었고 그럴 수 있을 것 같았지 지금도 나는 지푸라기 따위는 잡지 않는다고 큰 소리는 치고 있지만 사람들이 안 볼 때 얼른 잡고 살아 보려고 할지도 몰라 어떤 女子에게 한 소리 들었다고 얼굴이 벌게지는 내가 우아하게 죽겠다고 죽음이 어떻게 우아할 수 있는가 차라리 지푸라기라도 잡고 살아나는 것이 훨씬 아름답고 우아하지 않은가? 무슨 순교를 하는 것도 아니고 조국을 위하여 목숨을 바치는 것도 아니며 그냥 개죽음을 우아하게 죽겠다고? 아서라 어차피 한 번 죽는 것 스스로 죽음을 선택할 필요가 있는가? 원래 이 이야기를 하려던 것이 아닌데 어쨌든 지푸라기라고 무시하지 말라는 말이야 네 생명을 구해줄 수도 있다는 것이지 그래 지푸라기 같은 보잘것없이 보이는 사람들이 많지만 그 사람들이 너의 삶에 어떤 영향을 줄지 알아? 노숙자가 너의 생명을 구해줬다고 쪽팔려야 할까? 나도 어떤 사람이 보기에는 지푸라기밖에 안 될지도 모르지 지푸라기 지푸라기 지푸라기

白日夢

이처럼 꼴찌가 첫째 되고 첫째가 꼴찌 될 것이다

—마태오 20, 16

이른 아침부터 장터를 어슬렁거리던 나는
뭘 하고 있나? 물론, 白日夢…
한 사람이 다가와
"제 포도원에 와서 일하시오. 보수는 섭하지 않게 주겠소."
꿈꾸느라고 바쁜 나는 그 제의를 말없이 거절
그 사람은 그 후에도 여러 번 와서 같은 제의를 했으나 모두 거절
내 달콤한 白日夢을 포기할 수 없었으니
하루가 끝날 즈음 그 사람은 다시 와서
"이번이 마지막이오. 포도원에 와서 일하시오. 보수는 제대로 주겠소."
온종일 白日夢에 지친 나는 그 제안을 받아들였다
보수는 크게 기대하지 않았으니
하루가 다 저물어 가는데 내가 일해 봐야 얼마나 하겠나
한 10분이나 일했을까 일 끝내는 종이 울리고 하루 임금을 주기 시작했는데

맨 나중에 온 나부터 먼저 돈을 받고 돌아서 집에 가려는데

여기저기서 불평 소리가 들린다 궁금해서 뭔 일인지 물어보니

아침부터 일한 사람이나 나같이 끝날 즈음 시작한 사람이나

돈은 똑같이 주었다니 무슨 이런 일이

어쩐지 내가 받은 돈이 10분 노동치고는 너무 많아 보이긴 했는데

다른 사람들의 불만을 충분히 이해하고도 남겠다

나는 조금 불편해져서 주인에게 가서 한마디 한다

"아니 어째 제가 저보다 많이 일한 사람하고 같은 임금을 받나요?"

주인은 뭐 이런 또라이가 있나 하는 표정으로

"일 코딱지만큼 하고 하루 임금 받아서 불만?"

난 얼굴이 붉어지는 것을 느끼며

"전 괜찮습니다만, 다른 일꾼들에게 불공평한 듯해서요. 왜 이러십니까?'

주인은 가소롭다는 표정으로

"내가 내 돈으로 뭔 지랄을 하던, 네가 뭔데 주제넘게 지랄?"

그리고는 손가락으로 내 이마를 밀치며

"그렇게 공평해지고 싶으면 네가 받은 돈을 나누어 주던가. 어차피 넌 한 일도 없으니…"

나는 마이크 타이슨의 주먹으로 한 대 맞은 기분으로 멍해지며

이 자리를 빨리 피하려 돌아서자

주인이 소리치니

"그런 쓸데없는 질문하지 말고 네 행운을 마음껏 즐겨라! 억세게 운 좋은 놈…"

햇빛이 따가워 눈을 뜨니 아직 한 낮이다

내가 잠이 들었던 모양이다

꿈 치고는 괜찮은 꿈인데

혹시 정말 포도원 주인이 다시 오려나 기다려 본다

이왕이면 늦게 늦게 오기를 바라며

다시 白日夢으로…

내가 쏜 화살이 떨어지는 곳

과녁에 명중될 화살이 날아가는 모습은
얼마나 멋있나!
내가 쏜 화살이 날아가는 모양도 아름답도록
과녁을 내 화살이 떨어지는 곳에 놓아라

왜 내가
정체불명의 인간이
정체불명의 장소에 세운
정체불명의 과녁에
내 화살을 맞추려고 기를 써야 하는가
내가 쏜 화살이 날아가 꽂히는 곳
그곳이 나의 과녁이 될 것이니

가슴에 간직했던 황금 면류관
이제 머리에 쓸 때가 온 것일까

오로지 눈으로만 보았던 세상
내가 쏜 화살이 떨어지는 곳
과녁이 될 때가 온 것일까

별것도 아닌 것을

돌이 이마에 박히자 그는 땅바닥에 얼굴을 박고 쓰러졌다

—사무엘상 17, 49

골리앗이 巨人이고 살벌하게 생겼지만
사실 별거 아니었지 영악한 다윗은
이걸 알고 한 방에 끝낼 수 있었거든

이렇게 시시하고 무식한 人間 하나
우습게 이기고는 다윗은 출세 가도를
달렸지 물론 고생도 많이 했지만 그치?

사울 王의 아들하고 친구가 되고
王의 딸을 취하고 王의 적이 되어
결국 王위를 찬탈하는 계기가 되고

나도 다윗을 거울삼아 저 굳게 닫힌
城門을 이단 옆차기로 날려 버리련다
견고해 보이지만 사실 합판이거든

발차기도 필요 없고 그냥 밀어버리고
들어가면 나의 入城을 환호하는 군중
줄 서 있는 아리따운 女人들은 관심 無

城主에게 달려가 그의 아들들을
내 부하로 그이 딸들을 내 女子로
결국 城主가 되어 城을 접수하리니

별것도 아닌 것이 크고 높고 뚜꺼운
城門이 버티고 있지만 어딘가 개구멍이
있지 않을까 다윗은 꿈에서나 닮고…

별것도 아닌 것을 가지고 꿈꾸고
구멍이나 찾고 이런 詩나 끄적이고
가서 밀어 봐 그냥 열릴지도 몰라…

그냥 작은 종이배

이제 빨리빨리 달려온 나그넷길을 끝내고
따끈따끈한 추억만 기억에 담은 채
슬금슬금 바다에 안기는 우람한 강물
가지에 단 하나 남은 애처로운 단풍잎처럼
달랑달랑 붙어가는 작은 종이배

저 뒤뚱뒤뚱 종이배는 어디서 왔을까요
처음부터 강물과 함께 미적미적 있었다네요
그럴리가 그럴리가 믿어지지 않는군요
저 강물은 멀고 먼 길을 헐레벌떡 달려왔을 텐데요
저 종이배는 뭣도 모르고 헉헉헉헉 따라왔겠지요

잘은 모르지만 이렇게 살그머니 시작되었겠지요
작은 물방울들 똑똑똑똑 떨어져
작은 돌 위에 떼굴떼굴 구르며 놀고 있을 때
작은 종이배 하나가 어디선가 하늘하늘 떨어져
지척지척 물방울을 타고 왔겠지요
물방울은 어디서 왔나요? 글쎄요
작은 종이배는 누가 만들었나요? 글쎄요

작은 물방울들이 쫄레쫄레 모여들어
작은 물줄기가 되어 졸졸졸졸 흐르자
작은 종이배는 흔들흔들 떠 있을 수 있었겠지요
작은 물이 제법 큰물이 되어
작은 계곡을 조심조심 흐를 때
숲속으로 놀러 온 女人들이
피곤한 발을 살근살근 씻으면서
이 어릿어릿 떠 가는 작은 종이배를 못 봤을까요?
봤다면 부랴부랴 집어 갔겠지요
봤어도 알콩달콩 사랑에 빠져 소 닭 보듯 보냈겠지요
작은 물고기들도 이리저리 헤엄치고 있었을 텐데
물고기들이 작은 종이배를 톡톡툭툭 건드리지 않았나요?
물고기는 종이를 먹지 않으니까요
그렇군요 그런가요?

어질어질 가파른 계곡에 이르자
물방울들이 이제는 더 큰물이 되어
울퉁불퉁 바위 위로 바위 사이로

콸콸콸콸 덜컹덜컹 달리고 있었는데요
물 위에 고무보트가 바람 속 낙엽처럼
휘청휘청 우당탕탕 뒤집어지면
왁자지껄 즐거운 사람들 비명 들리고
물고기들도 허겁지겁 도망 다니는데
비리비리 종이배는 어떻게 이 무시무시한 곳
호르르르 무사히 빠져나왔는지요
그러나 이 계곡은 곧 올 폭포에 비하면
그저 애들의 놀이터였지요

마치 호랑이가 으르렁으르렁 거리듯이
우르르릉 천 길 낭떠러지로 물이 떨어지고
작은 종이배도 물과 함께 바닥으로 떨어졌겠는데
이곳에서도 작은 종이배는 멀쩡했나요?
그러니까 지금 우리 앞을 허위허위 지나가고 있겠지요

강물이 평지로 내려와 시냇물이 되어 느릿느릿 걷자
작은 종이배도 피곤했는지 흐느적흐느적
시냇물은 발가벗은 아이들로 바글바글했고

재잘재잘 깔깔깔깔 시끄러웠는데
이 작은 종이배는 딸깍딸깍 잘도 빠져나왔네요
봤다면 애들이 그냥 놔두지 않았겠지요
작은 종이배가 빨래하는 아낙네의 손을 살금살금 스치고
울긋불긋 분홍빛이 되었는데도
아낙네는 몰래몰래 그냥 보내주었네요
작은 종이배는 아쉬운 듯 미적미적 흘러갔답니다

한 번 더 아찔아찔 낭떠러지에 오면
작은 종이배는 흔적도 없이 사라졌을 텐데요
다행히 강물은 사람들이 북적북적 많은 도시를
출렁출렁 구경하며 지나갔겠고
이 여정이 차츰차츰 끝날 것 같았는데요
바다라는 것이 무엇인지 작은 종이배는 모르지만
이렇게도 느릿느릿 흘러 들어가는 강물에
작은 종이배도 시나브로 편안해지고
어디서 온 지도 모르는 작은 종이배는
어디로 가는지 어디로 사라지는지 몰라도
그저 강물에 맡기고 상관하지 않았답니다

작은 종이배는 너덜너덜 만신창이가 되어있지만
그래도 헉헉헉헉 잘 흘러가고

물 한 방울에 의지하여 낑낑대던 외로움
바위에 부딪혀 뒹굴던 아픔
낭떠러지에서 떨어지며 섬뜩섬뜩 무서웠던 기억
발가벗은 애들의 깔깔깔깔 웃음소리
아낙네의 손을 스치고 두근두근 달콤하게 뛰던 가슴
다 가물가물 추억이 되었답니다

강물같이 따스한 그리움만 기억에 차곡차곡 쌓인 채
평화롭게 저 넓고 넓은 바다에서
두리뭉실 사라져도 좋을 것 같네요
글쎄요 아직은 조금 더 가야 할 텐데
무사히 바다의 품에 살그머니 안기면 좋으련만

작은 종이배가 움찔움찔하는 걸 보니
이 대로 가는 것이 조금은 설컹설컹했나요?
나이아가라 폭포 꿈을 꾸는 것 같아요

끝까지 지켜보렵니까? 그럼요.
저 작은 종이배 저 앞 아스라이 먼 곳에
반짝반짝 작은 별이 보이나요?

나는 저렇게 안 살아

저런 사람도 잘살고 있구나
모든 사람의 희망
신비인 나는
"나는 저렇게 안 살아!"를 외치며
지나온 삶을 거부하지도 않은 채
경멸의 에너지로
희망을 끌고 다니며 하루를 산다
다가오는 삶을 피하려 하지 않으면서…

3
게으른 꿈쟁이

헛소리지만 믿어보세요

당신은 대단한 사람이군요
당신은 매력적인 男子입니다
당신은 노래도 달콤하게 하네요
당신은 멋있는 詩人이고요
당신 아내는 당신 없이는 못 삽니다
당신 회사도 당신 없이는 안 돌아가요
당신 교회도 당신이 절대 필요합니다
이러쿵… 저러쿵… 어쩌고… 저쩌고…
당신 주위 사람들이 하는 말들입니다
거짓말일지도 모르고
헛소리일 수도 있지요
이 허튼소리들을 예언으로 만들고
이 아첨같은 말들을 살아나게 하는 길은
믿는 것밖에 없답니다
이 진실을 거짓말로 만들고
이 찬사를 모욕으로 만드는
확실한 방법은 안 믿는 거지요
그래서 헛소리든 아니든
그냥 믿으세요

아마 우주의 목소리인지도 모르지요
누구의 소리든
잃을 것이 없잖아요
정말 그렇게 되면
얻게 될 것들을 상상해 봐요
예수도 믿는 대로 되리라고 말했으니
믿어보세요…

사과나무

바로 지금 종말이 올 듯이
사과나무 밑에 누워 마지막 사과를 기다린다

사과는 수없이 떨어지는데
종말은 오지 않는다

이 사과나무를 심었던 사람은
그다음 날 종말을 맞았으니

나 그런 어리석은 짓 아니하리라
사과나무가 먼저 종말을 맞이할지도

내가 진작 사과나무를 심었다면
지금쯤 과수원을 이루었으리라

하지만 종말은 여전히 내일 올지 모르니
오늘 사과나무를 심는 헛수고를 안 하리라

그러나 여전히 종말은 오지 않는다

기다리다 지친 나

사과나무를 하나 심으니
이제 기다리던 종말을 맞이하리라

봄을 기다리는 까마귀

나는 까마귀가 되어
나무에 앉았다
까만색밖에 없는 까만 새
예쁜 노래도 부를 줄 모르고
깍깍 소리만 내는 시끄러운 새
새 중에 머리가 가장 좋다고 하기에
그런지 항상 혼자 날아다니는 새이기에
까마귀가 된 듯

나무는
잎 하나 달리지 않고
가지밖에 없는
다른 새 하나 보이지 않고
그래서 까마귀는 외로운지
외롭게 보이려고 이 나무를 찾았는지

봄은 왔건만
벌거벗은 어느 가지에도
옷자락 하나 보이지 않는 나무

그래도 봄을 기다리는 까마귀
마치 나무와 하나가 된 듯
꼼짝하지 않고 꿈을 꾸는지

무명 화가가 그림을 그린다
봄을 기다리는 까마귀
그림이 완성되면 새는
봄이 온 나무로 날아가
알록달록한 새가 되어
아름다운 詩를 읊을지도

그림은 잎이 무성한
나뭇가지에 걸어두고
노래도 詩도 지겨워지면
봄을 기다리던 그때
꿈꾸던 그 시절
깍깍 소리밖에 못 내던
까만 까마귀의 계절
돌아봄도 좋을 듯

休火山

열정이 없다고 自身을 모멸하던 나
내 안에 열정이 있음을 알았다

고흐는 정신의 결핍을 메우려고
그림에 열정을 퍼부었다고

나는 결핍을 메우지 않으려다

꽃 없는 정원에 꽃을 심지 않으며
말 없는 마구간이 박쥐와 쥐로 들끓게 내버려 둔다
바닥나는 은행 잔고도 나에게 고흐의 열정을 주지 않으니

女人의 향기에도 눈을 뜨지 않는 공동묘지의
침묵과 평화는 결핍되지 않은 완전함이라

女人의 발자국에도 심장이 뛰는
이 텅 빈 가슴을 굳이 채우려 하지 않으니

아! 이 얼마나 대단한 열정인가!

예수의 십자가 수난에 비할 수 없으나
마음이 가난한 자가 행복하다 했으니

나는 열정적으로 가난하게 살련다

"그래도 한 번은 꽉 채워지는 것도 좋을 것 같아…"
이렇게 쥐어짜 만들어진 열정은

休火山이 터지기를 기다린다
死火山이 아니기를 바라며…

사그라지지 않는 꿈

마음이 맷돌을 매달고
저 깊은 바닷속으로 가라앉고 있을 때
등을 슬금슬금 기어오르는
꿈이 있다 쪽팔려
저 어두운 구석으로 몰아냈던
꿈 무덤 속의 시신같이
다 분해되어 몇 조각의 뼈만
남아 있을 줄 알았던
꿈

꿈이란 꿈 다 바수어지고
매우 오래된 무덤 속의 관같이
삭고 또 삭아
꿈 꾼 기억조차 찾아볼 수 없을 때
숨어 있던 이
꿈은 영원히 살려는 듯
사그라지지 않는다

꿈은 이

꿈 하나밖에 없었던 듯
다른
꿈은 모두
꿈속에서 꾼
꿈인 듯
꿈을 담은 몸
불에 타 재가되기 전에
부끄러운
꿈 찬란하게 이루어볼까

몸은 다시 땅으로 돌아가고
마음은 구천을 헤매도
꿈은 죽지 않고
또 다른 시시한 마음을 가진
부실한 몸을 찾을 것이니
어찌
꿈을 억겁의 세월을 방황하게 하려나

맷돌을 풀어 저 바닥에 가라앉히고
마음은 물 위로 솟아올라…

선구자의 꿈

자그마한 낫 하나 손에 들고
길 없는 정글 앞에 섰다
가진 것이라고는
꿈밖에 없는 선구자

수많은 크고 작은 길을 가지 아니하고
어디로 가는지도 모르는
길을 만들겠다는
꿈꾸는 선구자

대낮에도 깜깜한
낫이 없이는 한 발자국도
옮길 수 없는 정글에서
포기하지 않는 지치지 않는
꿈쟁이 선구자

잠시 휴식을 취하며
만들어 놓은 자그마한 길을 보고 있으니
한 때의 사람들이 보인다

초현대식 장비로 무장한 사람들
선구자가 만든 오솔길을 넓히고 있다
아! 선구자의 꿈은 이루어졌다!

얼굴의 차가운 기운에 눈을 떠보니
사람들도 장비도 보이지 않고
강아지 한 마리 선구자의 얼굴을 핥고 있네
환한 미소 지으며 일어나는 선구자
그의 꿈은 이렇게 이루어졌어라

사막의 판타지

어젯밤 북국의 추위 속에서도
사막의 밤하늘에 별은 가득

그중에 밝은 별 하나
내 손바닥에 떨어져 있으니

아무것도 한 것 없이
별을 따다니 꿈인가

이 발바닥의 물집은 무엇인가
갈릴래아를 누비던 예수의 발인가

메마른 지평선 모래 먼지
하나라도 놓칠세라 침침해진 눈을

들어 구름 없는 하늘을 쳐다보다
눈을 다시 저 지평선을 향하니

어느새 천군만마는 모래 폭풍을
일으키며 내 발 앞에 꿈인가

오늘의 언어

어제와 같은 아침으로 시작되고

내일과 같은 밤으로 끝날

오늘

이런 말이 들린다

이제야 꿈을 꾸기 시작했어

오래 살아서 꽃을 피우세요

숲 가장자리에 작은 불길이 일어난다

오늘 하루가 범상치 않음을 느낀다

비록 그 모습은

어제와도 내일과도 같더라도

山불

바다 건너 작은 山에
작은 불화살을 쏘아 넣고
불이 붙기를 기다린다

세상에 불을 지르러 온
예수님의 마음이 이러했을까
해변을 서성이며

불화살이 바다에 빠져버렸나
고래의 배 속에서 꺼지고 있는지
불길은 보이지 않고

축축한 구슬비까지 내려
나무들은 마른 목을 적시고 있으니
山불은 그저 신나는 꿈이었나

....
....
....

어느 날 갑자기 하늘에서
불덩이가 떨어져 山은
삽시간에 火염에 싸이니

저 성난 불길이 바다까지
태워버리지 않을까 걱정
세상의 종말은 이렇게 오는데

나는 내가 쏜 화살의
生死에만 그래 무슨 관계라
모두 다 소멸할 것을

게으른 꿈쟁이

첫사랑은 이루지 못해서 아름답다

비아그라의 힘을 빌려
아들을 나은 80老人의 꿈도 아름답다

나의 이루지 못한 꿈은
그 모습 그대로 예쁘게 포장되어
나와 함께 산산조각이 나서 뿌려질 것이다

이루지 못한 아름다움을 위하여
고이 간직되어온 꿈을
이루려 하지 않았으니

껍질이 깨어지지 않은 꿈을 바라보며
충족의 미소를 짓는 사람은 행복하다
그 꿈이 가장 아름답기 때문이리니

나는 꿈을 꾼 적이 없다는 것을 알았다
내 꿈은 꿈이 아니기에…

群鷄一鶴

모두가 닭으로 보인다니
그가 정녕 鶴인 모양이다
鶴인 그를 몰라보니
정녕 그들은 닭이로다
오히려
자신이 鶴인 줄 아는 닭도 있으나
그 닭이 정녕 그는 아니로다
그가 鶴이라고 외친들
알아들을 닭들이 아님에
鶴의 무리에 가야 하나
닭 냄새가 배어있는 鶴을
받아줄 鶴의 무리가 없기에
沐浴齋戒하여야 하나
이제까지 닭으로 살아온 鶴
망설이며 호숫가에 서 있으니
그 모습 처량하여라
지는 해는 멈추지 않으니
언제 그 발을 적시려나

오래된 날개

이 험한 江물에서
쬐끄만 나뭇잎 타고
오래도 내려왔네
조금만 더 가면
그리던 바다에 이를 것 같은데
이것이 웬일인지
갑자기 우람한 새가 되어
큰 날갯짓 하며 떠오르고
빈 나뭇잎은 홀로 떠내려가는데
지는 해를 향해
천천히 날아가는 큰 새
아마 바로 앞에 위험한 폭포가
삼류 스릴러는 아닌 듯
주인 없는 나뭇잎은 무사히 바다로 갈 것이니
굳이 날아갈 필요는 없지만
왜 인제 날개가
진작 알았더라면
삶이 꽉꽉 차고
지금쯤 우아하게

박수받으며 퇴장을 준비하고 있을지 모르는데
이제 날기 시작하고
오래된 날개 힘없어 보이는데
날개가 있다고 날 수 있는 것이 아니라니
날지 못하는 새도 많다네
아무리 바다가 코앞이라도
날아서 도달하련다
바다가 끝이라는 건
강물에서 平生 까불리던 나뭇잎이 하는 말
날개 있는 나에게
바다는 시작

꿈꾸는 것도 지쳤다
깨지 말고 그냥 있으면 될 듯

피리 부는 少年

가진 것이 피리밖에 없는
사내아이가 피리를 분다
피리 소리는
"난 가진 것이 많거든…" 으로 들리고
지나가는 들꽃들은
때도 아닌 꽃가루를 날린다

"피리를 저 山 꼭대기에서 불어보렴."
그러면 온 세상이 들을 거란다
지나가지 않고 지켜 보고 있던
한 들꽃의 이 입맞춤에
少年은 가진 것이 많은 어른이 된다

혼자서 불던 피리 소리가
모든 것을 담고 있다고 하네
少年은 들꽃을 주머니에 넣고
山을 오른다

피리 소리에 들꽃 향기가 스며들어

온 세상이 꽃향기로 가득 차기를
바라며…

또

또 꿈을 꾸었다
헬기같이 수직상승하여
갑자기 꽤 높은 山에 올라
人間들이 개미같이 보이는

온 근육이 뼈가 욱신욱신하다
아직 뿌리가 뽑히지 않았으니
꿈은 여전히 꿈이고
내일 밤 또 같은 꿈을 꿀 것이다

땅에서 태어나
땅에 뿌리를 박고 살았으니
땅을 거부하기가 어찌 쉬우랴
그래서 또 꿈을 꾼다

꼬마 화살

저 꼬마가 하늘에 대고 장난감 같은 활을 쏘네
기껏해야 쬐끔 가다 땅에 박히겠지
몰라 지나가던 참새 깜짝 놀라게 하고 떨어지겠지

아니야 어디서 정체불명의 바람이 불면
제법 높이 올라가 먹이를 찾던 독수리 부리에 걸려
독수리가 꼬마에게 화살을 도로 갖다줄지도

글쎄 혹시 회오리바람이 무섭게 불어
꼬마 화살을 지구 밖으로 던져 버리면
졸지에 화살은 우주여행을 시작할지도
아마 지금쯤 화성을 지나고 있지 않을까

화살이 무슨 힘으로 날아가는지
아마도 꼬마의 작은 꿈이 아닐지…
너무나 작아 자신도 모르는

그래서 과녁이 없는 하늘로 활을 쏘아대는지도…

정상이 바로 앞인데

앉아서 경치를 즐기고 있다
이곳에서도 세상은 아름다운데
바로 요 앞 정상이라고 무엇이 다를 것인가
이래도 한세상 저래도 한세상인데
알량한 정상이라는 단어 때문에
발바닥에 피를 흘릴 필요가 있는지

한을 만들어내는 서편제의 사람들처럼
정상 바로 앞에서 주저앉은 깊은 회한을
묘비명에 새기고 한을 품은 혼이
구천을 헤맬 수 있으니 이 어찌
정상을 정복한 것과 버금가는 것이 아니랴

무슨 큰일이 있는 모양입니다 제 일이 아닙니다 저 사람이 정상에 오르던 말든 나에게 득 되는 것은 없지요 그냥 기분이 좋은 것뿐이겠지요 앞으로의 일을 대비하여 정신 에너지 연습을 하는 겁니다

마음의 근육 운동을 하는 것이지요 혹시 압니까 머지 않은 미래에 제가 바로 정상 앞에 있게 될지

하지만 육체적인 운동이 힘들어야 하듯이 마음의 운동도 쉽지 않군요

잠시 쉬었으니 이제 정상을 향해 마음을 움직여 볼까

정상이 바로 앞인데
증명사진 찍고 바로 내려 오면 되지…

변신

사람들이 나를 벌레 보듯 하네
카프카가 나도 벌레로 만들었나

원래 내가 벌레였는지도
사람이 되려고 발버둥 치다가 지쳐 떨어졌는지도
하지만 곧 잊혀 지겠지
사람들의 기억은 짧아
내가 사람이었던 벌레였던
아무 흔적도 남아있지 않을 거야
나에겐 그들이 벌레로 영원히 기억될 거야!
이렇게 나는 그들을 벌레로 만들어
복수의 준비를 한다.
벌레가 벌레를 벌레 보듯 한다.
벌레는 다 같은 벌레인 줄 아는 모양이다
나는 곧 나비가 될 거야
그들은 영원히 벌레 속에 갇혀 썩어가겠지
넥타를 즐기는 화려한 나비에 경탄하며
벌레였던 나를 기억하지 못하겠지
내가 벌레였었다고 말하면

내 날갯짓은 겸손의 상징이 되고
이렇게 나의 복수는 완성되었다

날개 달린 호랑이

땅을 평정한 호랑이
늘어지게 낮잠을 자고 있을 때
새똥이 코에 떨어져 잠을 깬다

저런 코딱지 만한 참새가!
호랑이를 두려워하지 않는 새
하늘도 평정하고 싶은 호랑이

독수리와 친구가 되면
저런 잡새 따위가 감히 나에게
하늘도 평정하려는 호랑이

고양이도 꿈을 꾸나요?
글쎄요 개는 꿈을 잘 꾸던데요
고양이도 웃나요? 글쎄요
저 고양이는 웃는 것 같은데요
달콤한 꿈을 꾸는 모양입니다

근데 독수리하고 친구 해서

하늘이 평정 되나요?
호랑이에게 날개가 달려야…

날개

당신의 날개를 펼칠 때까지는
당신이 얼마나 멀리 날 수 있는지 모른다

지금까지 기어 왔지만
한 번 날아 볼까?
독수리같이 멋있게 날지 않아도 좋아
없는 날개 파닥거리다 웃음거리 되고
땅에 떨어져 흉하게 죽어 가도 좋아
입가에 미소만 있으면 돼
날개가 나를 이상한 곳으로 데려가도 좋아
기어서 갈 수 없는 곳이라면 어디라도 좋아
괴물에게 잡아먹혀도 좋단 말이다
내 눈이 놀라움으로 반짝인다면
날개가 나를 王宮으로 인도하여
잃었던 王冠을 찾게 할지도 몰라
이래도 좋고 저래도 좋아
날아야만 갈 수 있는 곳이라면
여기도 저기도 좋단다
그러나 더는 꿈은 싫어

꿈에 많이 날아 봤거든
꿈속에서는 아무 데도 못 가더라
차라리 생시에 기어가겠어
기어서도 이 만큼 왔으니
어깨가 근질근질하네
꿈은 아니겠지

터널

어제 또 길을 잃었다
이리 가도 저리 가도
내가 아는 길이 아니었다
꿈이라 얼마나 다행인지

아니 꿈이 아니었다
아픈 기억이었다
하늘을 날지 못했던
새끼 독수리의 상처였다

창공을 높이 나는
엄마 독수리를 보며
인고의 세월을 견디며
꿈을 키워 온 기억이었다

지금 내가 걷고 있는
이 시커먼 터널도
나의 기억일 것이다
찬란한 햇빛 속을 달리다

巨木의 그늘에 누워
낮잠을 즐기다 꾸는
꿈일 것이다 잊어버릴 수
없는 힘든 시절이니

이제 잠에서 깨면
까만 터널의 기억은
빛을 그리워하는
새하얀 기억으로…

대박

부실한 몸과
허약한 마음으로
버티고 이만큼 살아왔으니
이보다 더 큰 대박이 있으랴
하지만 초대박을 꿈꾸는
몽상가의 허약한 마음은
그 꿈을 쥐고 놓지 않으니
이 만큼 살아온 것이
결코 운만은 아니련가

4

山 중턱의 함성

늦게 피는 꽃

궁금해
왜 저 나무는
수십 년이 지나도
꽃을 피우지 못할까
좀 더 기다려야 하나
한 송이도 피우지 못하고
망각 속으로 시드는 것을 봐야 하나
갈릴래아의 예수처럼
이 世上이 나무에게 너무 작은가
제자들은 예수의 죽음을
부활로 장식하고
神話를 완성했는데
나도 이 앙상한 나무 몸통에
아름다운 이야기를 새겨 넣고
생명을 불어넣어 줄까

잠깐…
조금만 더 기다려 봐…

잠복기

예수는 요란하게 태어나서
30년을 세상에 잠복하고 있다가
짧은 기간에 천지를 진동시켰다
모세는 무려 80년을 잠복했었다
나는 얼마나 큰일을 하려고
어둠 속에서 태어나
아직도 잠복하고 있는지…
졸고 있는 건 아닌지…
하기는 이런 조는 모습을 보고
잠복으로 착각한 女子도 있었으니까…
그녀가 맞을지도 몰라
세상이 너무 좁아
잠복한 모습 이 대로
지구를 탈출하여 저 우주로
하지만
잠깐 모습을 드러내어
世上을 뒤흔들고 가도… 좋지 않을까?

江물을 마시며

江물을 꿀꺽꿀꺽 마시며
방금 넘어온 山을 바라본다
내가 저 험한 山을 넘어왔단 말인가

갈증을 해결해서 행복한데
이곳에서 영원히 살았으면 좋겠다만
삶은 이 江을 건너라고 한다

저 山을 넘은 것도 기적인데
이 넓고 깊은 江을 건너기 위해
또 구차하게 기적을 구해야 하나

기적적으로 江을 건너면 기다리고 있는
하늘이 보이지 않는 빽빽한 정글
기적도 통하지 않을 것 같은 깊은 숲

그래도 무사히 정글을 뚫고 나오면
모래 폭풍이 휘몰아치는 사막
기적도 여기서만은 숨을 멈추고

저 끝없는 모래밭이 끝나는 곳에
天國이 있다는 소문에 나는
텐트를 치고 江물로 밥을 짓는다

숲속의 정사

두 男女
돗자리 하나 들고
숲속으로 들어가니

군침 흘리며 따라가는 男子의 머릿속엔
화끈한 포르노의 섹스가 춤추고…
미끈한 몸을 자랑하는
女배우의 신음 소리가 귀를 울리고
지칠 줄 모르는 수탉 같은 男子 배우의
격렬한 움직임이 눈앞에 아른거리고…

하지만 아니었네
연출된 영화가 아닌
주문된 연기가 아닌
숲속에는 살아있는 삶이 있었네
자연과 하나 된 아담과 하와가
서투른 춤을 추고 있었지
자랑스럽지 않은 몸매와
가느다란 女子의 신음 소리

허덕이는 男子의 움직임이 애처로웠지
과연 끝낼 수 있을까 걱정하며
작은 미소를 짓는 男子

男子는 자신의 시시한 삶이
갑자기 부끄럽지 않았다네
허접한 각본이지만
보기 좋을 수도 있다는 것을…

참새구이

집채만 한 독수리 하나
떠오르는 태양을 등에 업고
나그네 앞에 내려앉는다
날개를 접지도 않고 무서운
눈으로 그를 노려보는 독수리

이 새가 왜 내 앞에
나를 채가려나
두려워하는 나그네
나보고 올라타라고?
그러다 떨어지면
주저하는 나그네

해가 中天에 뜨자
독수리는 어디 가고
참새 한 마리 콩콩콩콩
배도 고픈데
참새구이나 먹을까
고민하는 나그네

참새의 눈
독수리의 눈을 닮은 듯
이 건 기적이다
나그네가 독수리를 참새로
물을 포도주를 변화시킨
그 누구의 기적을 능가하는

참새를 구워 먹은 나그네
양어깨가 근질근질
돌밭 길을 활주로 삼아
석양을 향하여 달린다

고래의 꿈

저 사람은 혹시 고래가 아닌가요?
고래가 왜 배 위에서 헐떡거리는지
저렇게 큰 고기가 어찌해서
망망대해의 점 하나 같은 이 배에
올라왔는지 잡혀 왔는지 모르지만
보기에 무척 답답해 보입니다
아마도 저 넓은 바다에서 마음껏
놀아야 할 것 같은데 왜 바다에
뛰어들지 않는지 배에 있는 사람들이
보기 좋아서 잡아두는지도
하지만 이 배에서는 오래 못 살 것
같은데 저 고래는 아마도 자신이
고래라는 것을 모르는지도
그렇지요 아무리 숨쉬기 힘들어도
바다에 뛰어들 수는 없겠지요
하지만 고래인지 사람인지는
물속에서나 알 수 있는 것
글쎄요 나 같으면 그냥 첨벙 바닷속에
고래가 꿈을 꾸게 할까요?

태평양을 휘젓고 다니는 꿈을
물을 멋있게 가르는 것을 보고
배 위의 사람들이 환호하는 꿈을
고래가 꾸고 그 꿈길을 따라
몽유병이라도 걸려 바다에
몸을 던졌으면 좋겠습니다
그러다가 고래가 아니면 죽겠지요
죽으면 죽는 거지요 이래 죽으나
저래 죽으나 간신히 숨이 붙어있다고
사는 것은 아니지요 보세요
고래가 웃고 있네요
달콤한 꿈을 꾸나 봅니다
곧 우레 같은 첨벙 소리가 나겠네요…

저 높은 곳 빈자리를 향하여

계곡에서 발 담그고 있는 것도 이제는 지겨워지니

저 높은 곳에 자리가 하나 비었단다
이 낮은 곳의 내 자리도 언제 비워질지 모르니
저 높은 곳의 자리가 내 자리일지도 모르겠다
저 높은 곳을 한 번 쳐다보네
이 낮은 곳이라고 불편하지는 않으나
저 높은 곳에 있는 보이지도 않는 놈이
이 낮은 곳에 앉은 보이지도 않는 나를 내려다볼 수 밖에 없으니
저 높은 곳을 올려다보기도 고개 아파
이 낮은 곳에서 그저 눈높이로 바라보며
이 낮은 곳의 욕심 없는 나는
저 높은 곳의 보이지 않는 경멸을 나에게 돌리고
이 낮은 곳이 게으른 자의 무덤이 아닐까 자문해 보며
저 높은 곳을 향하여 다리 한 번 뻗어 보니 혹시 닿을 것도 같아
저 높은 곳을 향하여 발걸음을 옮기나
이 낮은 곳에서

저 높은 곳으로 가는 길이 없어
이 낮은 곳이 편함을 세상에 선포하고
저 높은 곳에서는 떨어지기 쉽다고 스스로 위로하며
이 낮은 곳에서
저 높은 곳의 빈자리로 수직상승함을 꿈꾼다

저 빈자리는 아무나 앉는 곳이 아니거든
나는 아무나가 아니기로 했다

참새

비록 날개는
있으나 독수리처럼
저 높은 하늘을
날지 못하여 참새는
독수리 가면을
쓰기로 가면을
오래 쓰면 정말 독수리가
된다고 까마귀가
알려줬다네 그런데 어느 날
참새는 독수리가
된 듯하여 저 높은 하늘로
날아오르려다 힘에 부쳐 땅에
보기 좋게 떨어지며 가면이
벗겨져 참새의 가련한 얼굴이
드러났지만 참새는
즉시 다시 겸손이라는
다른 가면을
썼는데 하긴 땅벌레에게
독수리는

보이지도 않고 이 낮은 하늘을
날아다니는 참새는
잘 보이니까
그래서 참새는
겸손한 독수리가
되었는데 참새라는
이름 자체가 진짜 새라는 뜻이라…

山 중턱에서 함성을 지르리라

인제 그만 쉬어 볼까
사람들은 山 정상을 향하여 멀어져 간다
그들은 쉬지도 않는다 지치지도 않는다

나는 숨을 돌리고 따라가 볼까 하는데
山 꼭대기에서 함성이 들린다
나를 놀리는 양 야호 야호 한다
山도 메아리로 나를 놀린다

山 정상에서 무엇을 보았소
직접 올라가 보시오 하는 듯
내려가는 사람들은 대답하지 않는다

나는 함성을 지른다
내려가는 사람들의 조롱을 받으며
오로지 山만이 대답한다

나는 내려간다
힘들게 올라오는 사람들에게

묻지 않는 사람들에게
나는 대답한다
직접 올라가 보시오

내 발걸음은 가볍다

山의 오르가슴

山은
꼭 올라가야 하는 것이 아니야
山이
반드시
정상을 정복당해야 오르가슴을 느끼는 것이 아니지
山은
밑에서 올려다보면서 감탄사만 연발해도 돼
山이
때로는
너를 내려다보는 그 경멸에서 오르가슴에 이르기도 하겠지

나도
다다를 수 없는 정상을 찾아 오를 필요 없이
山 밑에서
山의 정기에서 뿜어지는
경멸과 모욕에도
좌절하지 않고 오르가슴에 오르겠지

피리 부는 少年 · 2

다윗을 英雄으로 흠모하는 少年
피리로 골리앗인 이 世上을 이기려
오로지 믿음 하나로 도전장을 냈으나

다윗이 골리앗을 두려워하지 않듯이
世上이 기도와 믿음으로 준비하니
自身이 그 巨人임을 少年은 알았으니

오로지 다윗만을 바라보던 少年
패배한 골리앗을 긍휼히 여기면서
한주먹 거리도 안 되는 이 世上을 접수한다네

두 마리 토끼

두 마리 토끼를 잡으려다
한 마리도 못 잡는다고
어떤 人間이 말했다는데

두 마리 몰아서 잡으면 된다고
나 같은 人間은 받아치면서
욕망을 버리지 못한다

두 마리가 아니고 한 마리라고
쓸데없는 망상과 착각이라고
주제를 파악하라는 人間도 있고

예수도 한 마리만 먹으라고
하지 않았거든 한 마리 잡으면
또 한 마리는 그냥 온다고

솔로몬도 한 마리만 구했는데
두 마리를 갖고 부귀영화
아니지 세 마리 여러 마리

솔로몬이 나라를 말아먹었지만
뭔 상관 토끼만 맛있게
먹었으면 됐지 뭔 한우까지

토끼사냥을 하는 모양인데
그냥 아무 데나 화살을 날려
지나가던 토끼 맞을 것 같다

좁은 門

덩치 큰 호랑이가 왜
고양이가 드나드는 門을
기웃거리는지

自身도 고양이라고 생각하는지
아무리 自己를 몰라도
생긴 것이 비슷하다고 크기를 모를까

호랑이가 예수의 말을 어디서 들었는지
좁은 門으로 들어가려 하나

맞아 예수를 닮아
고양이가 되려는 것이 아닐까
그러나 人間들에게 죽임을 당한
예수의 운명을 아는지

안타깝다 같이 놀아 줄
동물이 없으니
주제를 파악한 호랑이

고양이 마을 앞산에 올라
어흥 하고 천둥 치는 소리를 내면
공포에 떠는 고양이들이
줄줄이 나와 경배할지도

門이 필요 없다는 것을
호랑이는 이제 알았을지도

이제 비 좀 맞아 보렵니다

저는 구경꾼이었는데요
연극 구경만 하며 살아왔답니다
극장을 떠난 적이 없었는데
별이 빛나는 밤을
햇빛이 내려쬐는 낮
비바람 폭설 홍수 지진
미치게 사랑하는 남녀
증오하며 헤어지는 남녀
서로를 죽이는 사람들
연극을 보며 즐겼지요

처음에는 재미도 있고 해서
졸지도 않고 열심히 보았는데
이제는 나이도 먹었는지
그 이야기가 그 이야기인 연극
그 얼굴이 그 얼굴인 배우들에게 싫증이 났는지
자주 졸더군요
오늘도 졸다 깼더니

극장도 무대도 깜깜하고
사람들은 다 가고
어둠 속에 저 혼자 있더라고요
갑자기 가슴이 뻥 뚫린 기분이 들던데요
무대에서 배우들이 아우성치던 외로움이 이것이었나요?

다시 졸다 깨 보니
다음 연극이 시작되고 있더라고요
저는 그냥 무대로 뛰어 올라가다
발을 헛디디어 넘어졌는데
좋은 구경거리였는지
관객들의 즐거워하는 소리가 크더라고요
덕분에 용기가 생겼는지 무대에 뛰어 올라갔지요
무대에서 남녀가 사랑을 나누고 있었는데
올라가자마자 여자를 빼앗았지요
어떤 사람이 고통을 당하고 있었는데
제가 그 고통을 대신해 연기하고
죽어야 할 사람을 대신해

대신 죽는시늉을 했지요
연극은 난장판이 됐고
조폭 같은 사람들에게 질질 끌려서
저는 극장 문밖으로 던져졌지요

극장 밖에 나오자
처음으로 해라는 것을 보았는데
벌겋게 서산으로 지고 있더군요
하늘에서 물이 떨어지더군요
이것이 비로구나 하며 즐기며 맞고 있는데
누가 우산을 씌어 주더군요
제가 보는 밤하늘에 별이 빛날까요
바람이 얼굴을 때리는 기분은 어떠한지요
연극에서는 사람이 많이 죽던데요
이곳은 극장 밖이라 그런 일은 없겠지요

이제 구경은 그만 할까 합니다
얼굴에 스치는 바람도 느껴보고
따가운 햇볕에 앉아 졸기도 하고

사랑도 직접 해보렵니다
혹시 죽을지도 모르지만

이제 비 좀 맞아 보렵니다

까마귀

수줍은 천재 까마귀
항상 까만 옷을 입고 다니고
까만 가면 뒤로 숨는다

종종 작은 연못에서 목욕하지만
까만 옷은 벗겨지지 않는다
높은 나무 위에서 소리도 지르지만
아무도 관심을 가지지 않는다

그래도 꿈은 제법 커서
꽃이 노고단 밤하늘의 별같이 꽉 들어찬
꽃밭으로 날아들어 돌아다닌다

나도 저 꽃들 같았으면 하고
가장 예쁜 꽃 따 얼굴에 쓰고
가장 멋있는 꽃잎 따 입고
가장 향기로운 꽃향기 모아 온몸에 뿌리니

정원 문 앞에 내려 기다리는

우람한 독수리를 향해
작은 날갯짓하는 이제는
까맣지 않은 새
이름도 바꿔야 할까…

넌 모든 것을 가졌구나

"넌 모든 것을 가졌구나"
이 말이 나오는 입에서는
삶의 냄새가 난다
향기라고 하면 과장일 것이고
그냥 벌의 날갯짓에서 나는 냄새…

"넌 모든 것을 가졌구나"
이 말을 듣는 나의 귀에서도
삶의 냄새가 나기는 한다
루저의 악취라면 과장일 것이고
詩집을 읽고 있는 노숙자의 오래된 냄새…

"당신 같은 사람이 이곳에 있다니요"
"그러니 우리나라가 저 꼴이 되지요"
이 말을 하는 사람의 입에서는
몸 전체가 뿌리인 바위 냄새가 난다
지진에도 꿈쩍 않는 영원히 사는 바위…

고개를 숙이고 있는 아름다운 꽃

날지 못하는 멋있는 나비
저 꽃이 저 나비가 나라고 하던 루저
모든 것을 가진 완벽한 삶을 사는 男子
나라를 구할 사람인지 몰랐다네

나비 창공을 날다

작은 날개 팔랑거리며
기껏해야
이 꽃 저 꽃 날아다니며
꽃술이나 건드리던 나비

어느 날 높이 떠 있는
솔개의 날개를 보고
창공으로 날아오른다

꽃들은 모두
聖母 마리아를 믿은
엘리사벳이 되어
환호하며 노래를 부른다

마리아는 단 하나의
엘리사벳으로도
예수 神話를 만들었는데

나비는

수많은 꽃으로
어떤 神話를 쓸지…

오래오래 사세요!

저 밝은 곳을 향하여

터널의 어두움에 익숙해져
삶이 별로 불편하지 않다
아무의 눈에도 뜨이지 않는
자기 모멸 자기 비하가
일용할 양식이 되고
회한과 한탄이 영성이 되었지만
어둠 속에서 혼자 추는
춤에 지친 듯도 하다

저 멀리 작은 불빛으로 가면
밝은 곳이 나온다고 하는데
나는 그곳에 이르면 그냥
소멸하지 않을까
어둠이 내가 태어난 곳이고
삶의 터전이긴 하나
양지바른 곳에
나의 흔적이 뿌려지는 것도 좋을 듯

그래서 달린다
어두운 생각은 떨쳐버리고
저 밝은 곳을 향하여

무명 화가

내일 내가 갈 길은 어떠할까요?
나의 이 질문에 갤러리 主人은
그걸 왜 나한테 묻나 하는 표정으로
빈 종이를 나에게 준다
텅 빈 白紙를 멍하니 바라보고 있는 나

화가가 되시오 主人은 침묵을 깬다
저는 화가가 아닌데요 나는 저항한다
당신은 화가요 主人은 확신에 차서 말한다
그려본 적이 없는데요 나는 우긴다

그러면 제가 그리지요 主人은 뭔가를 그린다
종이를 본 나는 무서워져서
제가 그리겠습니다 主人을 막는다
마음대로 그리세요

나는 붓을 집어 든다
갤러리 손님들은 숨을 죽인다
主人도 숨을 죽인다

정상의 한 치 앞에서

성공은 여정이지 목표가 아니다

이래서
정상의 한 치 앞에서 쓰러져도
만족의 미소를 지으며 죽을 수 있겠어
이루어 지지 않은 꿈은
저 밑에서 올라오는 사람에게
둥지를 틀겠지
나는 이렇게 꿈과 함께 영원히 산다
정상에 오른 사람들을
질투하지 않으면서
산 중턱에 쓰러진 사람들을
불쌍히 여기지 않으면서
산 밑에서 졸고 있는 사람들을
경멸하지 않으면서
내 꿈은 정상에 오른다

변화

내가 변할 수 있나?
당신 삶에 관심을 좀 가져 보시오
그러면 당신 삶은 변형될 것이오
당신이 전혀 상상하지 못했던 삶으로
내 상상력이 그렇게 시원치 않았나?
나 자신도 알아보지 못하는 삶으로 말이다
나는 나일 뿐
두려워하지 마시오 당신은 변하지 않소
아!
무슨 일이 있든 당신은 당신일 뿐이니까
나는 벽에 걸려있는 안개 낀 내 삶을 응시한다
그림을 내리고 그 속에 들어가시오!
나는 긴 사닥다리를 찾아 두리번거린다
내가 고소 공포증이 있다는 것을 상기한다
그래서 나보고 어쩌란 말이오?
진노하는 갤러리 主人

나는 저 山보다 높다

내가 왜 험한 山을 오르나
올라도 올라도 가까워지지 않는 정상

정상보다도 산길을 즐겨라
山을 올라보지 못한 도사들의 명언

정상에 올라 소리 한 번 지르고
증명사진 한 번 찍고
정상 정복자의 감투 하나 걸치고

이제 할 일은 가파른 산길 내려오는 것
넘어져 산 밑까지 굴러떨어지지 않으려고
조심 조심 기어서 내려오는 것

山을 올라보지 못한 자칭 영성가들이 왜
山이 있다고 올라야 하는 건 아니다
라고 말했는지 알 것 같다 그건

제아무리 山이 높아야

나보다 높지 않기 때문이니
내 발밑에 있는 山

근데 이런 지혜의 말을 한
도사는 누구며 자칭 영성가는 누군가
이 人間이 바로 나
그 어떤 도술이
그 어떤 영성이
나보다 높으랴

밝음의 탄생

객석에 어둠이 내리고
무대에 찬란한 햇빛이
소나기같이 쏟아진다

고장난 비행기
게으른 새
우울한 댄서

너는 어느 쪽?
어깨가 근질거리면
무대에 올라와
밝은 곳에서 춤을 추어보렴

어두운 객석이 좋다면
소멸의 길을 걷는 것
무대에 오르지 않으면
죽음과 무엇이 다를까

사느냐 죽느냐

단지 햄릿의 문제만이 아닌
또한 나의 문제

텅 빈 객석을 지키고 있던
女神… 극장 主人에게
자리를 양보하고…

『늦게 피는 꽃나무의 神話』를 읽고

『늦게 피는 꽃나무의 신화』를 읽고

김지향

(수필가)

기다렸던 손녀가 드디어 세상에 태어났다. 다행히도 내가 오클랜드에 도착한 이후에 출산을 했고, 딸과 손녀는 건강한 모습으로 지금 내 곁에 있다. 이미 딸 바보가 되어버린 사위는 힘든 줄도 모르고 아내와 딸을 위해 수고를 아끼지 않는다. 아기 이름을 유은과 Eden으로 지은 사위와 딸은 아기가 에덴동산의 은혜 속에서 살기를 바랐을 거 같다. 지금 여기 이 순간이 에덴이며 천국이니 당연한 바람일 것이다.

아기의 탄생과 더불어 반가운 소식이 왔다. 미국 애틀랜타에 사는 김준호 시인이 세 번째 시집을 출간한다는 것이다. 김준호 시인은 나와 비슷한 시기에 문단에 등단한 시인으로서 지성과 지혜를 겸비한 깊은 영성을 갖춘 시인이다.

뿌리 깊은 기독교인으로서 교회의 높은 성벽을 넘어 우주와 모든 종교와 영성의 총화를 이야기 하는 그의 시들을 읽으면서 감동을 안 할 수 없었다. 그의 시들에서는 성경 이야기가 많이 나온다.

하지만 종교적인 색채로부터 벗어나 현대인의 고뇌 속에서 자기 완성의 길을 가고 있는 열정이 빛을 발한다. 그가 출판한 첫 번째 시집과 두 번째 시집을 통해 김준호 시인만의 독창적인 시 세계에 마음이 끌렸지만, 세 번째 출간하는 이번 시집은 특별히 더욱더 커다란 감동과 공감을 갖게 했다.

『늦게 피는 꽃나무의 神話– 밝은 어둠의 노래』라는 제목을 통해 시인의 내면세계가 느껴진다. 그의 시를 보면 모든 세상이 그의 거울이다. 그의 시 속에는 꽃과 나비 그리고 새들이 등장한다. 산과 나무 역시 그의 시상을 떠오르게 하는 대표적인 자연이다. 시의 소재인 모든 자연의 조각들은 해학적이며 풍자적이다. 연극 무대에서의 배우와 무대 장치 소품들 또한 기발한 소재로 그의 내면을 적나라하게 보여준다. 그의 내면은 그의 것만이 아닌 우리의 내면 그대로인 것이다. 여신 또한 그의 시에서 빠질 수 없는 존재이다. 이 시집의 첫 시와 마지막 시에 등장하여, 연극 무대와 함께 시작과 끝을 장식한다.

일단 그의 시들은 재미있다. 시를 읽으면서 영상이 그려진다. 솔개의 날개를 보고 창공을 나는 나비, 독수리눈을 닮은 참새의 눈, 천재를 닮은 까마귀, 독수리 가면을 쓴 참새, 배 위에서 헐떡거리면서 누워있는 고래, 하늘도 평정하고 싶은 호랑이, 벌레와 나비 등이 등장하는 시들은 우화 버금가는 재미와 더불어 사색의 시간을 갖게 한다. 산과 강 그리고 바다도 김준호 시인의 훌륭한 시재로, 그를 통해 독특하고 재미있는 도구로 태어난다. 일상에서 늘 함께 하는 개와 고양이들 또한 마찬가지이며, 노숙자와 창녀들 역시 그의 상상력과 지성의 산물이 된다. 벌레, 좀비, 양아치, 지푸라기, 복권 등의 시재들 또한 인간의 본능을 읽게 해주며, 꺼내어 보기 싫어서 깊이 감추어 둔 내면을 들춰내어 보여준다.

그의 시집을 읽을 땐 블랙 코미디를 보는 것 같다. 연재소설을 읽는 것 같다. 시집 안에 기승전결이 있고, 시작과 끝이 연결이 된다. 길고 긴 서사시 한편을 읽는 것 같다. 그냥 들춰서 딱 한 편만 읽어도, 단숨에 한 권 전체를 읽어도 재미와 더불어 지혜를 전해준다. 인생은 기다림이기에, 꽃나무인 우리는 기다림의 터널을 통과하여 꽃을 피우기 마련이다.

깜깜한 자궁 안에 자리를 튼 영혼이 어머니의 넥타를 먹으며 열 달의 기다림 속에 골격이 형성이 되고 살이 붙고 오감을 갖춘 인간의 형상이 된다. 이렇게 안락한 어둠의 세상에서 빛 세상으로 나와 나비처럼 날아다니면서 또 다른 기다림에 빠져든다.

첫 시 「어둠의 탄생」으로 시작하여 마지막 시 「밝음의 탄생」으로 끝나는 이 시집을 읽고 나서 열 달 동안 자궁 속에서 세상의 빛을 보기 위해 기다린 손녀의 손을 가만히 잡아주었다.

빛 세상에 태어나서 젖을 무는 것부터 앞으로 터득해야 할 것들이 얼마나 많을지…….

시 감상은 참 재미있다. 시 해석은 독자의 몫이니 말이다. 귀에 걸면 귀걸이가 되고 코에 걸면 코걸이가 되는 것이 시인 것 같다. 그래서 시를 읽는 재미가 쏠쏠한 것이다.

김준호 시인이 참 대단한 시인이라는 생각이 들었다. 제목에서부터 시들 전체가 어쩌면 그렇게 많은 것을 담고 있는지. 읽으면 읽을수록 쫀득쫀득해지고, 새롭게 발견이 되는 것들이 많았다.

그저 재미있게 읽다가 그 안에 들어 있는 깊은 뜻에 감탄하게 되고, 각각 다른 시들인데도 그 시들이 연결이 되어 하나의 커다란 이야기가 되며, 읽는 내내 내 안에 감추어져 보이지 않았었던 것들을 발견하게 되니 어찌 놀라지 않을 수 있겠는가?

조명이 꺼진 깜깜한 무대 위에서 태어난 아기가 자라나 빛이 소나기처럼 쏟아지는 무대 위에서 여신과 함께 춤을 춘다는 신화.

여신의 등장이 참 재미있다. 불 꺼진 무대 위에서 태어난 아기가 자라 빛이 쏟아지는 무대 위에 올라왔을 땐, 여신의 짝으로서 부족함이 없는 신이 되어 있기에 가능한 일이 아닐까? 자기완성의 끝판왕인 신이 되었을 것으로 여겨진다. '늦게 피는 꽃나무의 신화'란 제목과 빛 속에서 춤을 추는 이야기가 어쩌면 이렇게 잘 조화가 되는지.

시에 대한 새로운 지평선을 연 김준호 시인에게 축복의 길이 열리길 기대하면서, 시집에 실려 있는 시들 중 한 편을 적으며, 내게 수필형식으로 독후감을 써달라고 한 김준호 시인에게 감사를 전한다.

궁금해
왜 저 나무는
수십 년이 지나도
꽃을 피우지 못할까
좀 더 기다려야 하나
한 송이도 피우지 못하고
망각 속으로 시드는 것을 봐야 하나

갈릴래아의 예수처럼
이 世上이 나무에게 너무 작은가
제자들은 예수의 죽음을
부활로 장식하고
神話를 완성했는데
나도 이 앙상한 나무 몸통에
아름다운 이야기를 새겨 넣고
생명을 불어넣어 줄까
잠깐…
조금만 더 기다려 봐…

—「늦게 피는 꽃」

| 해설 |

어둠의 무대, 꿈꾸는 배우

어둠의 무대, 꿈꾸는 배우

임오솔

(시인 · 문학평론가)

김준호 시인이 세 번째 시집을 세상에 내놓는다. 전에도 그랬듯이 이번 시집에서 보여주는 그의 시도 전보다는 많이 나아졌지만, 그래도 아직도 여전히 낯설고 특이하고 이해하기가 쉽지는 않다. 차근차근 그의 시의 암호를 해독해 보기로 하자.

시집 제목이 『늦게 피는 꽃나무의 神話』이다. '늦게 피는 꽃나무'는 비유적인 표현일 터인데 이 시집의 주인공 즉 시적 화자일 것이라고 생각한다. '神話'이니 신에 관한 이야기, 신을 중심에 두고 펼치는 시일 것인데, '밝은 어둠의 노래'라는 역설적인 부제목을 달고 있다. 여기서 우리는 김준호 시인의 세계와 역사 그리고 인간에 대한 인식이 어둠의 세계관에 입각해 있다는 것을 유추해 낼 수 있을 것이다.

이 시집은 '어둠의 탄생', 작은 종이배', '게으른 꿈쟁이', '산중턱의 함성' 이렇게 4부로 이루어져 있다. 그리고 별도로 한 부로 묶지는 않았지만 한 작품 「밝음의 탄생」으로 마무리하고 있다. 하느님의 인간을 향한 장구하고 거대한 드라마와 시인이 이 세상에서 겪어내고 있는 실존적 드라마를 서로 섞어 날줄과 씨줄로 교직하여 엮어냈다는 것을 알 수 있다.

그러면, 어둠의 무대에 펼쳐지는 드라마를 차근차근 살펴보기로 하자.

1. '어둠'의 탄생

어둠은 어떻게 태어났는가? 시적 화자는 태어나자마자 어둡다고 말했다고 한다. 그가 나온 세상은 불 꺼진 무대였고, 커튼도 내려져 있었고 객석도 깜깜했다. 극장 건물 전체가 어둠이었다. '무대와 객석의 까만 단절', '깜깜한 극장에서의 연극 공연' 시적 화자는 태어나자마자 '까만 댄스'를 추기 시작했다. 객석에는 어둠의 여신이 앉아 있었다.

> 믿을 만한 神話에 의하면
> 나는 태어나자마자
> '어둡다'라고 말했다고
>
> 내가 세상에 나온 곳은
> 불 꺼진 무대였다고
> 무대 커튼도 내려져 있었고
> 관객석도 깜깜
> 극장 건물 전체가 불이 없었으니
> 갓 태어난 아기의 눈에도
> 세상은 어두웠으리라

깜깜한 극장에서 연극 공연?
그래서인지
무대와 객석의 까만 단절하에
나는 태어나자마자 춤을 추기
시작했다고
아무도 보지 못하는
나도 보지 못하는
까만 댄스를…

저 女人은
아마도 女神일 것이다

—「어둠의 탄생」 부분

이 세상은 거리의 구석에 숨어 섹스를 파는 여자가 있고, 싸구려 환락을 찾는 남자가 있는 곳이다. 지하실 방처럼 깜깜한 세계에서 시인은 살고 있다.

내 성스러운 세계에 숨어
人間들의 눈길을 구한다
거리의 어두운 구석에 숨어
섹스를 파는 女子처럼

숙女여 나오세요!

당신이 거기 있는 거 알아요

사람들은 아는가
내가 지하에 사는 것을
싸구려 환락을 찾는 신사같이
그들은 나를 부를 것인가?

컴컴한 거리의 구석에 갇혀
나오지 못하는 수줍은 창女같이
나는 깜깜한 세계에서
보여지기를 기다리고 있는가?

—「어둠의 노래」 전문

「아저씨 같이 놀아요!」 같은 시에서 보면, 시인이 있는 곳엔 '항상 어둠이 내려 둥지가' 되고, 시인은 십자가에 달린 예수가 되고, 로댕의 생각하는 사람이 되고, 눈이 하나인 어른이 된다고 한다. 그러니, 그의 둥지는 '어둠의 둥지'이고, 십자가에 달렸으니 얼마나 깜깜한 어둠이며, 로댕의 고뇌하는 생각은 얼마나 깊은 어둠이겠는가. 눈이 둘이어도 밝히 보기 힘들겠거늘 하물며 눈이 하나인 사람이야 얼마나 어둡겠는가.

시 「까만 고양이」에서도, 장례미사에 까맣게 참석한 내가 제단을 보듯이, 까만 옷을 입은 고양이가 어딘가를 뚫어지게 보고 있다. 까만 옷, 장례미사 등은 모두 어둠의 이미지이다.

시 「벌레 씹기」에서 화자는 코흘리개 꼬맹이들의 고사리 같은 손에서 박수소리가 들릴 때 허접한 무대에서 내려 왔어야 했다고 자조 섞인 말을 한다. 어두운 관중석의 수군거림이 자신을 향한 찬사라는 착각을 즐기고 싶었던 것이 아니었나 하는 어두운 생각에 사로잡힌다.

그런가 하면 「自己모멸의 방법」 같은 시를 보면, 자기를 모멸하는 방법은 비칠거리며 걸어온 길을 보면 된다고 말한다. 길에서 버리지 않고 끌고 온 쓰레기와 모멸의 악취를 얼마나 견딜 수 있을 지를 묻고 있다. 스스로 목숨을 끊는 것이 가장 좋은 모멸의 방법일지도 모른다고 할 정도로 짙은 어둠에 쌓여 있다. 이런 어둠의 이미지는 「삼고초려」 같은 시에도 여실히 드러나 있다.

2. 어두운 무대, 삼류 드라마

세상은 삼류 드라마가 펼쳐지는 어두운 무대이다. 드라마는 빤한 주제의 허접한 이야기다. 책 읽는 듯한 대사, 너절한 연기, 작대기 같은 성형 배우, 모두 다 삼류다. 어차피 내 삶은 삼류 드라마다. 주제 없는 그저 그런 이야기다. 세상 참 어둡다.

허접한 이야기
빤한 주제
우연의 연속
허우대만 멀쩡한 꽃미남의
너절한 연기
작대기 같은 성형 미녀의
책 읽는 듯한 대사

삼류야 삼류!
그래도 재미있는 것을 어쩌나
하기는 내 삶은
저 드라마보다 더 후질지도
그래도 작가는 재미있게 보겠지
못하는 연기지만 열심히 해
혹시 각본에 없는
적당히 살찐 성형 안 한 美女 나타날지
어차피 내 삶은 삼류 드라마
주제 없는 그저 그런 이야기

—「삼류 드라마」 부분

이런 어두운 무대 삼류 드라마에서, 나는 무슨 역할을 맡아 어떤 연기를 할까?

시인은 주인공도 아니고, 중요한 조연도 아니고, 그렇다고 조연이나 단역도 아닌 무대장치나 소품 역할을 하겠다는 꿈을 꾼다.

내가 하고 싶은 역할을 내가 고릅니까?
말해봐
내 머리는 힘차게 돌아간다
주인공이면 관객들의 주목을 받으면 좋겠지만
너무 힘들어 잘못하면 욕만 먹고
중요한 조연도 힘들기는 마찬가지
그렇다고 중요하지 않은 조연이나 단역은

관객들에게 별로 보이지도 않으니
차라리 안 하느니만 못할 것 같다
무대 장치나 小品 역할을 하겠습니다
감독은 슬그머니 미소를 짓는다
약은 놈
힘든 일 안 하고 주목만 받겠다고
하지만 무대 장치가 얼마나 힘든 일인지 아느냐?
小品은 생각이 없이 감독이 있으라고 곳에
꼼짝 않고 있어야 한다

무대 장치는 나무와 같다
그 자리에서 움직이지 않고
아무것도 하지 않으면서도
山을 지키는 나무
그러나 나는 움직이는 나무가 될지도…
배우들을 쫓아내고 무대를 장악할지도…
연극을 초토화할지도…
차라리 주연 배우가 되는 것이 나을지도…

감독이 나를 깨운다
수고했다 넌 타고난 小品이다

—「나는 무대 장치가 되겠소」 부분

인간들이 이 땅에서 하는 일이 높은 탑을 쌓는 일이었다. 성읍

과 탑을 건설하여 그 탑 꼭대기를 하늘에 닿게 함으로써 자기들의 이름을 내고, 온 지면에 흩어짐을 면하고자 하는 것이었다. 그러나 하느님이 보시기에 그러한 탑이 얼마나 가소로운 일이었겠는가.

탑이 높으면 얼만 높겠으며, 인간이 위대하면 얼마나 위대하겠는가.

탑으로 상징되는 지상에서 계획되고 행해지는 인간의 모든 일들이 이처럼 가소롭고 초라하고 패역한 일이었다. 하느님은 이러한 인간들의 언어를 혼잡하게 만드셨고, 소통이 단절된 인간은 분열될 수밖에 없었다. 바벨탑은 무너졌다.

이것도 탑이라고 세웠나
내가 봐도 초라한 바벨탑에서
내 이름은 바로 탑 밑에 나뒹굴어지고
하느님의 진노를 빌릴 것도 없이
나 스스로 대화를 단절시킨다
이렇게 나는 분열되었다
또 하나의 돌을 올리려는 나는
무덤을 파는 나를 경멸하고
저 땅 밑에 숨으려는 나는
저 높은 곳을 향하는 나를
긍휼히 여기나
탑이 높아 봐야 얼마나 높으랴
무덤이 깊어 봐야 얼마나 깊으랴

작은 모래 탑 만들어 놓고
깔깔거리고 노는 어린아이를 닮음이 어떨지…

—「초라한 바벨탑」 전문

그런가 하면 인간이 처한 현실은 앞이 꽉 막혀 길을 찾을 수 없는 아마존의 정글 같은 절망과 좌절의 땅이고(「정글」), 시인의 인생은 '시시한 人生'(「시시한 人生」)이다. 고급 외제 승용차들이 즐비한 주차장에 낡고 시시한 차를 몰고 들어갈 때 타인들의 경멸의 표정과 시선을 견디며 항변한다. 내 지성과 지혜와 영성은 결코 낡거나 시시하지 않다고! 그러면서 고급 승용차를 타고 와서 당당하게 문을 열고 내리는 꿈을 꾸는 시인은 모순적인 존재다.(「시시한 人生」)

이러한 절망과 좌절의 어둠 속에서 어떻게 살아야 하느냐고 시인은 묻고 있다. 뒤를 돌아보니 길이 있는 듯도 하고 없는 듯도 한데, 돌이켜 보면 지금까지 자기는 없는 길을 만들어 왔노라고 말한다. 막막한 길 앞에서, 내가 나의 길잡이가 되어 왼쪽 길로 들어서 볼까, 아니면 오른쪽 길로 가볼까, 하고 고민하면서 길잡이가 될 조언자를 찾는 꿈을 꾸기도 한다.

어떻게 살아야 합니까?
내가 그걸 어찌 알겠소?
내가 무슨 人生 상담가라도 된단 말이오?
당신이 걸어온 길을 보니
당신은 人生 전문가 임이 분명합니다

한마디 가르침을 주시지요

뒤를 돌아보니
길이 있는 듯 없는 듯
없는 길을 만들어 왔단 말인가
모델의 다리 같은 쭉 뻗은 고속도로를
스포츠카로 달려온 줄 알았는데
어찌 저런 길도 없는 정글을
나 같은 人間이 맨발로
나에게 조언을 구하는 것이 이상하지 않네

다행이다 꿈이었으니
꿈에서나마 내 길을 보았으니
내가 나의 길잡이가 되어
왼쪽 길로 들어서 볼까
누가 나에게 길을 물으면
오른쪽으로 가라고 해야지
다행이다 나에게 길을 묻는 사람이 없으니

—「길잡이」 전문

이렇게 고민하면서, 조언자와 길잡이를 간절히 원한다. 작은 종이배가 세상 강물에 떠간다.

이제 빨리빨리 달려온 나그넷길을 끝내고

따끈따끈한 추억만 기억에 담은 채
슬금슬금 바다에 안기는 우람한 강물
가지에 단 하나 남은 애처로운 단풍잎처럼
달랑달랑 붙어가는 작은 종이배

저 뒤뚱뒤뚱 종이배는 어디서 왔을까요
처음부터 강물과 함께 미적미적 있었다네요
그럴 리가 그럴 리가 믿어지지 않는군요
저 강물은 멀고 먼 길을 헐레벌떡 달려왔을 텐데요
저 종이배는 뭣도 모르고 헉헉헉헉 따라왔겠지요

잘은 모르지만 이렇게 살그머니 시작되었겠지요
작은 물방울들 똑똑똑똑 떨어져
작은 돌 위에 떼굴떼굴 구르며 놀고 있을 때
작은 종이배 하나가 어디선가 하늘하늘 떨어져
지척지척 물방울을 타고 왔겠지요
물방울은 어디서 왔나요? 글쎄요
작은 종이배는 누가 만들었나요? 글쎄요

—「그냥 작은 종이배」 부분

뒤뚱뒤뚱 흘러가는 종이배, 강물은 멀고 종이배는 아무것도 모르고 헉헉거리며 따라간다. 작은 종이배는 누가 만들었을까? 작은 종이배는 어디서 왔을까?

이 작은 종이배가 흘러가는 물길은 사실은 밝음을 찾아가는 여정, 구원을 향해 가는 험난한 과정인 것이다. 그래서 시인은 , '저 밝은 곳을 향하여', '저 높은 곳 빈자리를 향하여' 나아간다고 고백하고 있다.

터널의 어두움에 익숙해져
삶이 별로 불편하지 않다
아무의 눈에도 뜨이지 않는
자기 모멸 자기 비하가
일용할 양식이 되고
회한과 한탄이 영성이 되었지만
어둠 속에서 혼자 추는
춤에 지친 듯도 하다

저 멀리 작은 불빛으로 가면
밝은 곳이 나온다고 하는데
나는 그곳에 이르면 그냥
소멸하지 않을까
어둠이 내가 태어난 곳이고
삶의 터전이긴 하나
양지바른 곳에
나의 흔적이 뿌려지는 것도 좋을 듯

그래서 달린다
어두운 생각은 떨쳐버리고

저 밝은 곳을 향하여

—「저 밝은 곳을 향하여」 전문

이 낮은 곳에서 그저 눈높이로 바라보며
이 낮은 곳의 욕심 없는 나는
저 높은 곳의 보이지 않는 경멸을 나에게 돌리고
이 낮은 곳이 게으른 자의 무덤이 아닐까 자문해 보며
저 높은 곳을 향하여 다리 한 번 뻗어 보니 혹시 닿을 것도 같아
저 높은 곳을 향하여 발걸음을 옮기나
이 낮은 곳에서
저 높은 곳으로 가는 길이 없어
이 낮은 곳이 편함을 세상에 선포하고
저 높은 곳에서는 떨어지기 쉽다고 스스로 위로하며
이 낮은 곳에서
저 높은 곳의 빈자리로 수직상승함을 꿈꾼다

—「저 높은 곳 빈자리를 향하여」 부분

예수님은 태어나서 30년을 세상에 잠복하고 있다가 3년이라는 짧은 기간에 천지를 진동시키셨고, 모세는 무려 80년의 잠복기를 보냈다. 이처럼 시인도 지금 잠복기를 지나고 있다고 생각하며, 늦었지만 이제 곧 꽃을 피울 수 있을 것이라고, 그러니 조금만 기다려 보자고 마음을 달랜다.

예수는 요란하게 태어나서

30년을 세상에 잠복하고 있다가
짧은 기간에 천지를 진동시켰다
모세는 무려 80년을 잠복했었다
나는 얼마나 큰일을 하려고
어둠 속에서 태어나
아직도 잠복하고 있는지…
졸고 있는 건 아닌지…
하기는 이런 조는 모습을 보고
잠복으로 착각한 女子도 있었으니까…
그녀가 맞을지도 몰라
세상이 너무 좁아
잠복한 모습 이 대로
지구를 탈출하여 저 우주로
하지만
잠깐 모습을 드러내어
世上을 뒤흔들고 가도… 좋지 않을까?

—「잠복기」 전문

궁금해
왜 저 나무는
수십 년이 지나도
꽃을 피우지 못할까
좀 더 기다려야 하나
한 송이도 피우지 못하고

망각 속으로 시드는 것을 봐야 하나
갈릴래아의 예수처럼
이 世上이 나무에게 너무 작은가
제자들은 예수의 죽음을
부활로 장식하고
神話를 완성했는데
나도 이 앙상한 나무 몸통에
아름다운 이야기를 새겨 넣고
생명을 불어넣어 줄까

잠깐…
조금만 더 기다려 봐…

―「늦게 피는 꽃」 전문

3. 어둠 속에서 꿈을 꾸다

성경에 보면 모세는 참 우여곡절이 많은 인생을 살았다. 애굽의 압제를 받는 히브리 민족의 사내아이로 태어나서, 애굽 왕의 명령에 의하여 태어나자마자 죽임을 당해야 할 처지에 놓여 있었다. 갈대 상자에 담겨 나일강에 버려지고, 죽을 고비에서 애굽 공주에게 발견되어 목숨을 건진다. 왕궁에 들어가 공주의 아들로 살아가게 된다. 그러나 그가 성인이 되었을 때 자기 민족이 당하는 고난과 압제를 보고 의분을 터뜨림으로 살인을 저지르고 피신하여 광야로 숨어든다. 거기서 40년을 살다가 80세가 된 늙은 모세가 하느님의 부름을 받는다. 불이 붙은 떨기나무가 타지 않는 것을 보고 기이하게 여기며 다가갔을 때, 불꽃 가운데 임하신 하느님을 만나고, 새로운 사명을 받아 민족 구원이라는 큰 꿈을 꾸게 된다. 모세에 의하여 히브리 민족의 새로운 역사가 씌여지게 되고, 인간을 향한 하느님의 계획은 하나하나 차근차근 진행되게 된다.

어찌 새로운 역사를 펼쳐가고자 하는 꿈을 모세만 꾸겠는가. 시인도 '사그라지지 않는 꿈' 을 꾼다.

마음이 맷돌을 매달고
저 깊은 바닷속으로 가라앉고 있을 때
등을 슬금슬금 기어오르는
꿈이 있다 쪽팔려
저 어두운 구석으로 몰아냈던
꿈 무덤 속의 시신같이
다 분해되어 몇 조각의 뼈만
남아 있을 줄 알았던
꿈

꿈이란 꿈 다 바수어지고
매우 오래된 무덤 속의 관같이
삭고 도 삭아
꿈 꾼 기억조차 찾아볼 수 없을 때
숨어 있던 이
꿈은 영원히 살려는 듯
사그라지지 않는다

—「사그라지지 않는 꿈」 부분

그 꿈은 '선구자의 꿈'이다. 가진 것이라고는 꿈밖에 없지만, 선구자가 되어 자그마한 낫 하나 손에 들고 길 없는 정글 앞에 선다. 대낮에도 깜깜하여 한 발자국도 옮길 수 없는 정글이지만 포기하지 않고 지치지 않는 선구자가 되는 꿈을 꾼다.

자그마한 낫 하나 손에 들고
길 없는 정글 앞에 섰다
가진 것이라고는
꿈밖에 없는 선구자

수많은 크고 작은 길을 가지 아니하고
어디로 가는지도 모르는
길을 만들겠다는
꿈꾸는 선구자

대낮에도 깜깜한
낫이 없이는 한 발자국도
옮길 수 없는 정글에서
포기하지 않는 지치지 않는
꿈쟁이 선구자

―「선구자의 꿈」 부분

이런 과정에서 날개를 달고 한번 날아보고 싶은 꿈도 꾸고(「날개」), 꼴찌가 첫째 되는 백일몽도 꾼다.(「백일몽」) 이 꿈은 마태오

복음서 20장에 나오는 '포도원 품꾼들의 비유'와 오버랩 된다.

이처럼 꼴찌가 첫째 되고 첫째가 꼴찌 될 것이다

—마태오 20, 16

이른 아침부터 장터를 어슬렁거리던 나는
뭘 하고 있나? 물론, 白日夢…
한 사람이 다가와
"제 포도원에 와서 일하시오. 보수는 섭하지 않게 주겠소."
꿈꾸느라고 바쁜 나는 그 제의를 말없이 거절
그 사람은 그 후에도 여러 번 와서 같은 제의를 했으나 모두 거절
내 달콤한 白日夢을 포기할 수 없었으니
하루가 끝날 즈음 그 사람은 다시 와서
"이번이 마지막이오. 포도원에 와서 일하시오. 보수는 제대로 주겠소."
온종일 白日夢에 지친 나는 그 제안을 받아들였다

햇빛이 따가워 눈을 뜨니 아직 한 낮이다
내가 잠이 들었던 모양이다
꿈 치고는 괜찮은 꿈인데
혹시 정말 포도원 주인이 다시 오려나 기다려 본다
이왕이면 늦게 늦게 오기를 바라며
다시 白日夢으로…

—「白日夢」 부분

이 외에도 꿈쟁이의 '꿈'은 「터널」, 「사막의 판타지」, 「山불」, 「오늘의 언어」, 「오래된 날개」, 「또」, 「날개 달린 호랑이」, 「대박」, 「고래의 꿈」 같은 시에도 반복적으로 등장한다.

4. '밝음'의 탄생

하느님의 놀랍고 끈질기고 지독한 사랑의 실현인 인간구원의 대하드라마는 지구라는 무대에 주인공 예수 그리스도가 다시 등장함으로써(재림하심으로써) 완성될 것이다. 예수 그리스도는 빛이시다. 어둠 속에 도래할 진정한 '밝음'이다.

객석에 어둠이 내리고
무대에 찬란한 햇빛이
소나기같이 쏟아진다

고장 난 비행기
게으른 새
우울한 댄서

너는 어느 쪽?
어깨가 근질거리면
무대에 올라와
밝은 곳에서 춤을 추어보렴

어두운 객석이 좋다면

소멸의 길을 걷는 것
무대에 오르지 않으면
죽음과 무엇이 다를까

사느냐 죽느냐
단지 햄릿의 문제만이 아닌
또한 나의 문제

—「밝음의 탄생」 부분

우리는 이 무대에 올라가 밝은 곳에서 춤을 추어야 한다. 어두운 객석에 앉아 있는 것은 소멸의 늪에 빠지는 것이다. 밝음의 무대에 오르지 않는다면 그것이 죽음과 무엇이 다르겠는가. 사느냐 죽느냐 하는 문제가 어찌 햄릿만의 문제이겠는가. 그것은 나의 문제, 모든 인간의 문제가 아니겠는가. 그날에, 어둠의 땅에 밝음이 찬란하게 비칠 것이다. 빛줄기가 소나기같이 쏟아질 것이다. 죽음의 땅에 영원한 참 생명이 꽃 필 것이다. 시인을 포함한 우리 모두는 늦게 피는 꽃나무다.

그래서, 시인이 부르는 노래는 어둠의 노래이지만, 그것은 '밝은' 어둠의 노래인 것이다.

김준호 시집_ 늦게 피는 꽃나무의 神話

초판 인쇄 | 2021년 9월 1일
초판 발행 | 2021년 9월 5일

—

지 은 이 | 김준호
발 행 인 | 이광복
편집국장 | 김밝은

—

펴낸곳 | 사단법인 한국문인협회 月刊文學 출판부
주소 | 서울시 양천구 목동서로 225 대한민국예술인센터 1017호
전화 | 02-744-8046~7
팩스 | 02-743-5174
이메일 | klwa95@hanmail.net
등록 | 2011년 3월 11일 제2011-000081호
ISBN 978-89-6138-464-3 03810

—

값 12,000원

—